T0282087

magia

práctica

DESCARGA
GRATIS
CON ESTE
CÓDIGO
en la web: www.editorialsirio.com/descargas

CRIS123

TE ENVIAREMOS UNAS PÁGINAS DE
LECTURA MUY INTERESANTES

Promoción no permanente. La descarga de material
de lectura solo estará disponible si se suscriben a
nuestro boletín de noticias. La baja del mismo puede
hacerse en cualquier momento.

Título original: PRACTICAL MAGIC: A Beginner's Guide to Crystals, Horoscopes, Psychics, and Spells
Traducido del inglés por Julia Fernández Treviño
Diseño de portada y de interior: Susan Van Horn
Maquetación: Toñi F. Castellón

Publicado inicialmente en inglés por Running Press, un sello de Perseus Books, LLC, una sucursal de Hachette Book Group, Inc.

© de la edición original
2017 de Nikki Van De Car

© de las ilustraciones
2017 de Katie Vernon

© de la presente edición
Editorial Sirio, S. A.
C/ Rosa de los Vientos, 64
Pol. Ind. El Viso
29006-Málaga
España

© de la fotografía de la autora
Johanna Reimer

www.editorialsirio.com
sirio@editorialsirio.com

I.S.B.N.: 978-84-19105-25-7
Depósito Legal: MA-1107-2022

Impreso en Imagraf Impresores, S. A.
c/ Nabucco, 14 D - Pol. Alameda
29006 - Málaga

Impreso en España

Puedes seguirnos en Facebook, Twitter, YouTube e Instagram.

 El papel utilizado para la impresión de este libro está **libre de cloro** elemental (ECF) y su procedencia está certificada por una entidad independiente, no gubernamental, que promueve la sostenibilidad de los bosques.

NIKKI VAN DE CAR

Ilustraciones de KATIE VERNON

magia

····· ········ ···· ✦ ···· ········ ·····

práctica

Una guía de iniciación a
los CRISTALES,
los HORÓSCOPOS,
las LECTURAS PSÍQUICAS
y los HECHIZOS

EDITORIAL
SIRIO

ÍNDICE

INTRODUCCIÓN

¿ALGUNA VEZ TE HAS PREGUNTADO QUÉ ES LO QUE CONTIENEN ESOS tarros que hay en una farmacia antigua? ¿Y para qué sirven? ¿Alguna vez te has sentido aunque sea un poquito tentado a conocer qué te diría un psíquico por veinte dólares sobre tu nuevo trabajo o sobre esa divertida cita que acabas de concertar? ¿Qué intentaba decirte tu inconsciente anoche con ese extraño sueño que tuviste? Y por otra parte, ¿qué son los chakras?

Este es un libro para quienes sienten curiosidad por lo oculto. Es para cualquiera que haya pensado alguna vez «¿y por qué no?» al decidirse a comprar una amatista porque era muy bonita, pero también porque quizás podría traer paz y sueños lúcidos a su vida. Este libro es para cualquier persona que piense que su horóscopo diario es extrañamente correcto, y para todo aquel que siempre ha deseado en secreto vivir en un mundo mágico.

Con este libro aprenderás los principios fundamentales de la sanación con cristales, la magia a base de hierbas y la quiromancia. Aprenderás a hacer algunos hechizos básicos (¡todos de magia blanca, por supuesto!), ver las auras y celebrar una fiesta de Beltane como es debido. Aprenderás a interpretar tus sueños, limpiar tus chakras y hacer un mapa de tus estrellas.

Pero, principalmente, te reirás y te divertirás. Y tal vez, solo tal vez, experimentes algo sorprendente. Esa extraña sensación de incomodidad que experimentas cuando estás en un rincón de tu apartamento podría sencillamente desvanecerse con un pequeño sahumerio de salvia. Podrías descubrir que una lectura de tarot inquietante te ha ayudado a tomar decisiones ligeramente diferentes de las que siempre has tomado en otras ocasiones o te ha aportado coraje para tener confianza en ti mismo y en lo que ha de venir. Quizás, por pura diversión, harás un hechizo de amor para tu amigo, o amiga, antes de que acuda a una cita a ciegas, y ambos lo disfrutarán con mucha alegría. Acaso podrías sentir simplemente un cosquilleo o un estremecimiento, un atisbo de lo sobrenatural, algo inexplicable pero innegable.

Sin embargo, y esto es lo verdaderamente importante, no tienes que creer en la magia para disfrutar de este libro. Solo tienes que desearlo.

PRIMERA PARTE

✳

SANACIÓN DE LAS BRUJAS DEL CERCO*

*Chakras, cristales y auras...
Mira profundamente dentro de
ti y expande tu ojo interior para
explorar más allá*

---

* N. de la T.: Las brujas del cerco practican un tipo de brujería tradicional que se
encuentra muy cercano al chamanismo: comparten un amplio conocimiento
de las hierbas y las técnicas de meditación, adivinación o sanación natural, al
igual que la reverencia, la comprensión y el amor profundos por la naturaleza.
También se las conoce como viajeras nocturnas, jinetes de bastón, caminantes
en el viento o brujas en el aire.

CHAKRAS

· ·

DURANTE MUCHO TIEMPO TUVIMOS LA IMPRESIÓN DE QUE LAS personas que mostraban interés por los chakras eran sencillamente raras, y tal vez un poco tontas. Pero hoy en día cada vez somos más los que tomamos seriamente el tema de los chakras. Detrás de todo esto hay una larga historia que podemos encontrar en muchas culturas alrededor del globo, y también algo de ciencia real.

Todos comprendemos y aceptamos que en el universo hay energía: energía oscura, energía cinética, energía solar, energía magnética, gravedad, etc. Un chakra es un centro energético del cuerpo. Generalmente es visualizado como una rueda o remolino que se encuentra en sitios específicos a lo largo de la espina dorsal (la palabra sánscrita *chakra* significa 'rueda'). Son puntos donde nuestros nervios se agrupan y donde se segregan hormonas. Están conectados por el *prana*, que puede describirse como nuestra fuerza vital, o también interpretarse como nuestro sistema nervioso periférico. En realidad, es lo mismo; la diferencia reside en lo que tú piensas sobre este tema y si crees que tenemos el poder de ejercer una influencia consciente sobre ellos. El *qi gong*, el taichí, la acupresión, la acupuntura, el EFT* o el reiki

---

* N. de la T.: El EFT (por sus siglas en inglés, *Emotional Freedom Technique*) es una técnica de liberación emocional fundamentada en varias teorías de

15

trabajan con el prana, aunque lo nombren de diferentes formas (meridianos de energía, *nadis*, qi, etc.).

Se sabe que hay más de cien chakras, pero solemos ocuparnos solamente dc siete. Para que el cuerpo, la mente y el espíritu sean un todo, cada uno de estos chakras debe estar abierto y equilibrado. Un problema físico con un chakra puede generar un problema mental o emocional y, a la inversa, un problema mental o emocional relacionado con un chakra puede producir una respuesta física. Tu cuerpo no está separado de tu mente y de tu espíritu; los tres están interrelacionados. Un chakra puede cerrarse por diversas razones, incluyendo las experiencias de la vida cotidiana, los traumas emocionales, las influencias culturales o la falta de ejercicio físico o de cuidado personal. Si te enfrentas a un trauma, los chakras responden a la experiencia protegiéndose. Por ejemplo, si pierdes a un ser querido, el corazón se cierra, y esto podría provocar asma o bronquitis.

Un chakra también puede estar excesivamente activo y dominar a los demás chakras. Un chakra de la garganta hiperactivo puede dar lugar a chismorreos, engaños o mentiras, y también incapacidad para mantener secretos. Todos hemos experimentado en alguna ocasión un exceso de información compartida en las redes sociales: el culpable puede ser un chakra de la garganta hiperactivo.

Todo es cuestión de equilibrio. De la misma forma que cada zona de nuestro cuerpo es parte de un todo, cada chakra responde a otro, de manera que si uno de ellos está desequilibrado los

medicina alternativa, incluidas la acupuntura, la programación neurolingüística y la medicina energética. Es conocida principalmente por el *Manual de EFT*, de Gary Craig, publicado a fines de los años noventa, y por libros y talleres de diversos autores y facilitadores. La EFT y otras técnicas similares a menudo se incluyen en el campo de la «psicología energética».

otros resultarán afectados. Un chakra necesita que la energía fluya en su interior (por ejemplo, si se trata del chakra del corazón la energía debe fluir para poder aceptar el amor) y en su exterior (para que pueda dar amor). Un chakra que está equilibrado tiene un flujo de energía constante que se mueve hacia delante y hacia atrás, como las mareas, y ese flujo resuena a una determinada frecuencia. Cada chakra tiene su propia frecuencia de sonido, y también su propia frecuencia de luz (color). Podemos usar esos sonidos y colores para abrir y cerrar cada uno de los chakras, según sea necesario. Cuando tus chakras están equilibrados, te sientes a gusto con todo tu ser, ya que puedes dar y recibir de una manera totalmente libre.

LOS SIETE CHAKRAS

Hay siete chakras principales, y cada uno de ellos está conectado con los cuerpos físico, emocional y espiritual de una forma particular. Cada chakra está asociado a un color, un elemento y un sonido específicos, que pueden ser útiles cuando entonas sonidos para abrir cada uno de los chakras.

Muladhara

Este es el chakra raíz y se encuentra en la base de la columna vertebral, donde están el coxis, la vejiga y el colon. Es el más instintivo de todos los chakras, aquí se asienta nuestra reacción de lucha o huida. Es nuestra conexión con el pasado, con nuestras memorias ancestrales, y establece nuestra conexión más profunda con la tierra. Cuando este chakra está equilibrado, nos sentimos valientes y seguros. Las manifestaciones físicas de desequilibrio de este chakra pueden incluir problemas en las piernas, los pies y el sistema digestivo inferior. Las preocupaciones relacionadas con nuestras necesidades básicas para la supervivencia –alimento, cobijo, dinero– pueden indicar que el chakra raíz no está equilibrado.

COLOR: rojo ✦ **ACEITES ESENCIALES:** cedro, clavo, mirra ✦
SONIDO: O

Svadhisthana

Este es el chakra del sacro, que se sitúa donde están los ovarios y los testículos. Por tanto, no es de extrañar que sea el centro de nuestra creatividad y sexualidad. Nuestras pasiones y placeres, tanto físicos como espirituales, emergen de esta parte del cuerpo. Cuando este chakra está equilibrado, somos más fértiles en todos los sentidos: todas las ideas, canciones o historias tienen su origen en este chakra. Los síntomas físicos pueden incluir problemas con la fertilidad y con la función renal, así como dolor en las caderas y la parte baja de la espalda. Cuando el chakra del sacro está muy activo, podemos caer en el hedonismo e incluso en la euforia excesiva; cuando está bloqueado, podemos tener problemas para encontrar el placer con cosas de las que normalmente disfrutamos.

COLOR: naranja ✦ **ACEITES ESENCIALES:** sándalo, ylang-ylang
✦ **SONIDO:** Oo

Manipura

Situado en el plexo solar, cerca de las glándulas adrenales y el sistema endocrino, Manipura representa el poder personal, la conciencia de nosotros mismos y nuestra fuerza interior. Aquí es donde encontramos la fuente de nuestra fuerza de voluntad, el impulso que nos saca de la inercia y nos conduce a la acción. Este chakra representa la confianza y la capacidad de elegir. Una persona cuyo chakra del plexo solar está equilibrado es asertiva sin ser arrogante, tiene las cosas bajo control y no siente miedo, está llena de amor hacia sí misma. Una persona que tiene el plexo solar bloqueado podría dejarse llevar por una voz interior negativa, tener miedo al rechazo o mostrar una tendencia a mantenerse al margen por temor a estar equivocada. Por otro lado, cuando el chakra del plexo solar está demasiado activo puede causar crisis emocionales, estrés y la necesidad de ser el centro de atención. Las manifestaciones físicas de desequilibrio de este chakra incluyen alta tensión sanguínea, fatiga crónica y úlceras estomacales.

COLOR: amarillo ✦ **ACEITES ESENCIALES:** manzanilla, limón ✦ **SONIDO:** Ah

Anahata

El chakra del corazón obviamente se sitúa en el corazón pero también en los pulmones. Este es el chakra central, el responsable de mantener el equilibrio entre los otros seis. ¿Y de qué otra manera podríamos alcanzar ese equilibrio si no fuera a través del amor?

Cuando hablamos de amor nos referimos al amor romántico, al amor hacia uno mismo, a la amistad, a la amabilidad, a la compasión y al respeto. Así es como reconocemos que no estamos solos, que formamos parte de una comunidad, de una sociedad o de una familia. Cuando esta sensación es muy intensa, podemos ser dependientes o no estar dispuestos a poner límites, incluso cuando debemos hacerlo. Y, por supuesto, cuando estamos bloqueados, podemos sentirnos abandonados, solos, o tener celos o envidia. Un chakra del corazón desequilibrado puede provocar síntomas físicos como asma y enfermedades cardíacas, y también dolor de hombros y de la parte superior de la espalda.

COLOR: verde ✦ **ACEITES ESENCIALES:** rosa, bergamota ✦ **SONIDO:** Ay

Vishuddha

El chakra de la garganta se encuentra cerca de la glándula tiroides. Si Manipura se refiere a empoderarnos a nosotros mismos, Vishuddha implica compartir nuestro verdadero ser. Representa la capacidad de expresarnos verbalmente, defender todo aquello en lo que creemos y presentarnos auténticamente ante el mundo. Cuando esto se manifiesta de forma exagerada, podemos hablar sin sentir compasión por los demás ni interés por lo que tienen que decir. Un chakra de la garganta equilibrado significa que no solamente decimos la verdad, sino que también podemos escucharla y aceptarla, lo que a veces puede ser una tarea difícil. Por otra parte, cuando el chakra de la garganta está bloqueado, tenemos miedo de hablar y compartir nuestro verdadero ser con el mundo por miedo al rechazo. Esto puede manifestarse físicamente a través de trastornos tiroideos, dolor de garganta, dolor de cuello y úlceras bucales.

COLOR: azul celeste ✦ ACEITES ESENCIALES: lavanda, salvia, neroli ✦ SONIDO: Eee

Ajna

El chakra del tercer ojo se encuentra cerca de la glándula pituitaria. A partir de ahora empezamos a salir de la zona del ser, porque Ajna representa la posibilidad de ver las cosas con claridad. Tiene que ver con la observación y la percepción, pero también con la sabiduría. Cuando nuestro chakra del tercer ojo está equilibrado, no solamente somos capaces de ver lo que sucede a nuestro alrededor, sino también comprenderlo y sentirlo profundamente con compasión y entendimiento. Como suele suceder, cuando esto se manifiesta de forma exagerada puede generar una imaginación hiperactiva, incapacidad para calmar la mente y una tendencia a la dispersión. Cuando el chakra del tercer ojo está muy cerrado, nos aislamos del mundo que nos rodea, tendemos a mirarnos el ombligo y podemos llegar a sentirnos paranoicos y deprimidos. Los síntomas físicos que produce el desequilibrio del chakra del tercer ojo pueden incluir jaquecas, pérdida de audición, y visión borrosa.

COLOR: índigo ✦ **ACEITES ESENCIALES:** jazmín, vetiver, romero ✦ **SONIDO:** Mmm

Sahasrara

El chakra corona se sitúa en la parte superior de la cabeza (junto a la glándula pineal) y, como es obvio, del cerebro. Al llegar a este chakra hemos abandonado completamente el ser; ahora no solamente nos concentramos en lo que hay fuera de nosotros, sino también en lo que hay *más allá* de nosotros. Si hubiera magia en los chakras, la encontraríamos aquí. En Sahasrara no hay comprensión intelectual, sino un conocimiento místico, una comprensión intuitiva de nuestro lugar en el universo, de nuestra conexión con la vida en general. Cuando el chakra está demasiado activo tendemos a asumir que somos más poderosos, o mejores, de lo que realmente somos, y también a ser críticos y emitir juicios sobre los demás. Cuando el chakra corona está cerrado, nos sentimos aislados, solos e inseguros, nos encontramos perdidos y deprimidos sin un motivo específico. Las pesadillas, las migrañas y el insomnio pueden ser una consecuencia del desequilibrio del chakra corona.

COLOR: púrpura ✦ ACEITES ESENCIALES: incienso, olíbano ✦ SONIDO: Ngngng

EQUILIBRAR TODOS LOS CHAKRAS

La meditación es la forma más efectiva de alcanzar la armonía y el equilibrio de tus chakras. Siéntate de la forma más cómoda posible, no es necesario tener la espalda perfectamente recta ni las piernas en posición del loto. Encuentra la postura adecuada para no sentir ningún dolor ni molestia, pero que no favorezca el adormecimiento. Recuerda que meditar no consiste en detener todos los pensamientos –eso es un objetivo imposible– sino permitir que tus pensamientos vayan y vengan, observándolos sin identificarte con ellos.

Cuando hayas alcanzado un estado de relajación, comienza a centrar tu atención en tu chakra raíz. Visualiza su color y visualiza su espiral mientras dejas que la energía fluya hacia dentro y hacia fuera de manera uniforme. Inspira profundamente y canta «ohhhh».

Repite este procedimiento con cada uno de los chakras, uno tras otro en el orden correcto y tomándote el tiempo para centrar tu atención en cada uno de ellos. Visualiza mentalmente su color y entona en voz alta el sonido que le corresponde. Cuando hayas terminado, visualízate rodeado de un resplandor de luz blanca. Repite un mantra que te parezca adecuado en ese momento; puede ser algo como: «Me siento en paz conmigo mismo» o «El universo/un poder superior/Dios… lo es todo para mí/para nosotros». Respira profundamente y deja que la energía se asiente en tu interior.

EQUILIBRAR LOS CHAKRAS INDIVIDUALES

Puedes equilibrar cada uno de los chakras mediante la práctica de la meditación. Utiliza los cristales sugeridos (ver la página 30), junto con los aceites esenciales correspondientes. Puedes colocar el cristal sobre un chakra determinado mientras estás tumbado durante la meditación; si prefieres meditar sentado, puedes tenerlo en una mano. Canta el sonido asociado con el chakra tantas veces como te sientas a gusto, o te parezca adecuado, o permanece sentado en silencio enfocando tu atención en ese chakra en particular.

Pero si aún no has conseguido dominar la práctica de la meditación, hay otras formas de equilibrar los chakras que son específicas para cada uno de ellos:

MULADARA ✦ Busca el color rojo, particularmente en tus alimentos. Deja que tus pies descalzos sientan la tierra. Haz algo práctico, como ahorrar para tu jubilación o pagar una cuota más alta de tu hipoteca. Utiliza los aceites esenciales sugeridos para un baño de pies o vierte algunas gotas de aceite sobre un paño tibio para aplicarlo sobre la base de tu columna vertebral.

SVADHISTHANA ✦ Disponte a vivir un pequeño romance (aunque eso simplemente signifique ver *El diario de Bridget Jones*) o a leer una conmovedora novela de época. Consume alimentos de color naranja, haz alguna actividad que te resulte placentera, especialmente algo creativo. Vierte unas gotas de aceites esenciales en un baño; también puedes usarlos en la ducha o para aromatizar una vela.

MANIPURA ✦ ¡Toma el sol! Ve a la playa, y si no es la estación adecuada siéntate en el interior de la casa cerca de una ventana. Toma alimentos de color amarillo (incluidos muchos cítricos), bebe infusiones de manzanilla, cuídate y mímate. ¡Elimina definitivamente tus pensamientos negativos!

ANAHATA ✦ Encuentra tiempo para estar con la persona que quieres, llama a un amigo con quien no has hablado desde hace mucho, dedica tiempo de calidad a tu pareja o hijos, invita a tus padres a cenar. Por cada acto de amor que seas capaz de realizar, recibirás ese amor multiplicado por diez. Y mientras lo haces, consume gran cantidad de vegetales de hoja; tal vez puedes incluir una o dos remolachas.

VISHUDDHA ✦ ¡Escribe un diario, un blog, una poesía! ¡También puedes cantar! Quizás no estés preparado para compartir ninguna de estas cosas con otra persona, pero dedícate a ejercitar tu voz de cualquier manera que te resulte cómoda. Busca el color azul... Como es natural, no hay muchos alimentos de este color, pero podrías usar una camisa azul o simplemente estar atento al color azul que ves en el mundo.

AJNA ✦ Intenta escuchar atentamente cuando hablan los demás. Lee para estar informado de lo que está pasando en el mundo y pregunta. Reflexiona. Usa prendas de color azul oscuro y cierra los ojos para poder pensar en todo aquello que has visto y oído.

SAHASRARA ✦ Para este chakra lo único que realmente necesitas es meditar, si sabes cómo hacerlo. En caso contrario, puedes probar con las plegarias. Pide consejo y prepárate para recibir una respuesta. Busca el color púrpura que hay a tu alrededor. Imagina todas las posibilidades que hay en el mundo, y también reflexiona sobre lo *imposible*. Permítete soñar despierto.

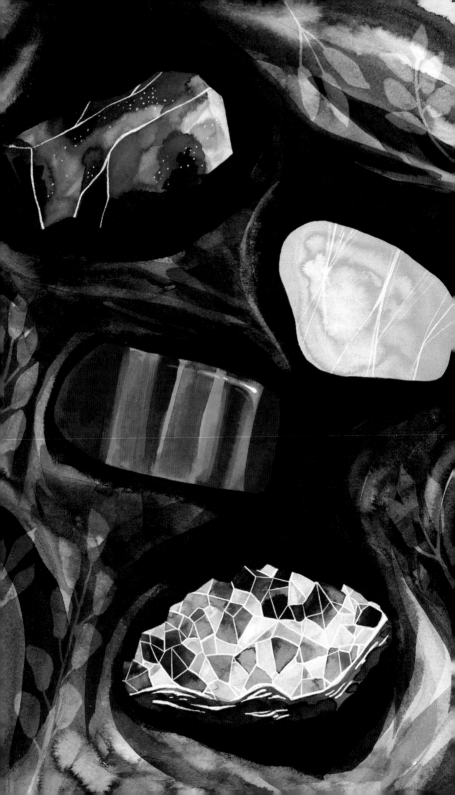

CRISTALES

FRANCAMENTE, UNO DE LOS MOTIVOS POR LOS QUE NOS SENTIMOS atraídos por la sanación con cristales es que son tan hermosos que simplemente nos parecen mágicos.

Si en realidad son mágicos es un tema que merece un debate. Hay evidencias de que la sanación con cristales existe desde la época de los sumerios y los antiguos egipcios, es decir, desde hace más de seis mil años. Hoy en día, sin embargo, la sanación con cristales se basa más bien en nociones budistas e hinduistas. Estas diferentes prácticas asignan distintas propiedades a las piedras: el diamante para extraer venenos, el granate para alejar las pesadillas, el jade para la longevidad, y así sucesivamente.

No existen muchas investigaciones científicas sobre la sanación con cristales, y las pocas que hay no revelan más que un efecto placebo. No obstante, en el peor de los casos, la sanación con cristales es absolutamente inocua, y puede ofrecer una sorprendente variedad de resultados según la persona que la practique, desde estimular las capacidades psíquicas hasta alinear la columna vertebral o neutralizar el alcoholismo.

La práctica de la sanación con cristales puede ser bastante complicada, porque hay muchas piedras que tienen usos muy variados. El efecto de cada cristal cambia según su tipo, su forma y la manera en que ha sido activado o limpiado. Por ejemplo, el cuarzo rosado produce diferentes resultados dependiendo de que haya sido modelado en forma de vara o pulido. En una sesión profesional, el sanador te preguntará cuáles son tus necesidades y preocupaciones antes de pedirte que te tumbes sobre una esterilla o una camilla para comenzar el tratamiento. A continuación, el sanador colocará las piedras sobre tu cuerpo, o cerca de él, mientras tú estás tumbado intentando encontrarte a gusto y relajado, lo que no siempre resulta fácil cuando alguien se mueve a tu alrededor colocando piedras encima o alrededor de tu cuerpo.

Lo más frecuente es que las piedras se coloquen sobre los chakras (ver la página 18 y siguientes):

MULADHARA, el chakra raíz. Para estimularlo se utilizan piedras rojas o negras, como pueden ser la obsidiana, la hematita, el granate y el cuarzo ahumado.

SVADHISTHANA, el chakra del sacro, reacciona con piedras de color naranja, como la cornalina.

MANIPURA, el chakra del plexo solar, se trata con piedras de color amarillo, como el jaspe amarillo y la calcita dorada.

ANAHATA, el chakra del corazón, responde tradicionalmente a las piedras de color verde como la malaquita y el jade. Sin embargo, como nuestro cuerpo recibe la influencia de la mente y de la cultura, las piedras de color rosa, como el cuarzo rosado, también han ganado poder y popularidad para la sanación del corazón.

VISHUDDHA, el chakra de la garganta. Para estimularlo se usan piedras de color azul, como el aguamarina y la turquesa.

AJNA, el chakra situado entre las cejas, tu «tercer ojo», se abre con piedras de color índigo, como el lapizlázuli y la azurita.

SAHASRARA, el chakra corona, situado en la parte superior de la cabeza, se trata con piedras de color violeta y blanco, entre las que se incluyen la amatista y el cuarzo transparente.

Sin embargo, todo depende de las preferencias personales del sanador o sanadora, y de su interpretación de tus necesidades. La persona encargada de la sanación observa cómo reaccionas con cada piedra, para comprobar si potencia tus energías positivas y equilibra tus energías negativas. Durante o después de una sesión es posible que experimentes una sensación parecida al letargo, acaso te gotee la nariz e incluso puedes sentir ganas de llorar mientras tus bloqueos físicos y emocionales se liberan.

¿Se trata simplemente de un efecto placebo, del poder de tu mente que opta por creer que el tratamiento funciona o de que la amatista realmente ha conseguido aliviar tu dolor de cabeza?… ¿Quién puede decirlo? Y, por otra parte, si el dolor de cabeza ha desaparecido, ¿qué importancia tiene?

LAS PIEDRAS MÁS COMUNES Y SUS USOS

AGUAMARINA ◆ Te ayuda a expresar tu verdad personal. Reduce el miedo y la tensión.

AMATISTA ◆ Desarrolla la intuición y la conciencia espiritual. Es una ayuda para la meditación y brinda calma y tranquilidad. Alivia las jaquecas.

AZURITA (también conocida como malaquita azul) ◆ Ayuda a identificar bloqueos espirituales o psíquicos que causan bloqueos físicos. Transforma el miedo en comprensión. Es buena para la artritis y el dolor de las articulaciones.

CALCITA ◆ Aumenta la energía, facilita la comunicación en el mundo físico y espiritual.

CITRINO ◆ Una piedra de abundancia que atrae éxito y dinero; aumenta la autoestima y es buena para el corazón, los riñones, los pulmones, el hígado y los músculos.

CORNALINA ◆ Potencia la creatividad y la sexualidad, ayuda a explorar experiencias de vidas pasadas. Facilita la digestión.

CUARZO AHUMADO ◆ Una piedra de protección que estimula tus instintos de supervivencia. Potencia la atención y la fertilidad.

CUARZO ROSADO ◆ Una piedra que representa el amor, no solamente el amor romántico sino también los lazos afectivos familiares y entre hermanos. Te cuida y reconforta, porque disipa la rabia.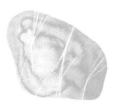

CUARZO TRANSPARENTE ◆ Una piedra de sanación, canaliza el poder y potencia la energía universal. Esta piedra se puede programar para cualquier uso que necesites.

GRANATE ◆ Una piedra de salud y creatividad, que estimula tu fuego interior. Protege contra el cáncer, es favorable para la elasticidad de la piel y también ayuda a evitar las pesadillas.

HEMATITA ◆ Una piedra de protección y de conexión a tierra (por eso se utiliza como apoyo en los viajes astrales). Tiene la propiedad de cerrar tu aura para protegerte de la energía negativa.

JADE ◆ Una piedra que te inspirará para conocer tus ambiciones y te ayudará a trabajar para conseguir tus objetivos. Favorece la longevidad.

JASPE AMARILLO ◆ Esta piedra estimula el páncreas y el sistema endocrino. Ayuda a alinear los meridianos de energía.

LAPISLÁZULI ✦ Esta piedra te ayudará a enfocar tu atención y potenciará tu pensamiento. Es una ayuda para la meditación y te libera de la melancolía. Alivia el dolor de garganta y la fiebre.

MALAQUITA ✦ Libera las emociones reprimidas y te ayuda a mirar en tu interior. Muy útil para aliviar trastornos mentales.

OBSIDIANA ✦ Una piedra de protección, particularmente de las fuerzas espirituales. Te ayuda a comprender y afrontar tus miedos más profundos. Es indicada para tratar las invasiones bacterianas y los virus.

OJO DE TIGRE ✦ Una piedra que confiere estabilidad y aumenta el poder personal y la integridad.

ÓPALO ✦ Una piedra que potencia las experiencias místicas y también la creatividad. Equilibra las fluctuaciones del ánimo.

PIEDRA DE LA LUNA ✦ Calma las emociones y también el sistema digestivo. Fomenta la paz y la armonía interior.

PIRITA ✦ Una piedra de defensa y protección que simboliza al sol; limpia la sangre.

TURQUESA ✦ Una piedra de sanación que te protege de las enfermedades y la contaminación medioambiental.

CÓMO ELEGIR Y ACTIVAR TUS CRISTALES

El primer paso es determinar tus necesidades actuales. ¿Tu malestar es físico o espiritual? ¿Tienes la intención de iniciar un viaje astral o quieres hacer un hechizo? Algunas veces podrías percibir que te sientes atraído por una piedra en particular, lo que significa que es la piedra la que te elige a ti, y no al revés. Entra en una tienda holística para descubrir por cuál te sientes atraído.

Si no estás seguro de cuál es la piedra que necesitas, prueba el cuarzo. Es la sal en el cajón de las especias de los cristales.

Una vez que hayas elegido el tipo de piedra con la que quieres trabajar, tendrás que elegir su forma:

CRISTALES EN TROZOS ✦ Son cristales sin facetas visibles; la turquesa y la pirita a menudo se comercializan de esta forma. Aunque las geodas tienen algunas facetas, se considera que son cristales en bruto. A menudo se colocan en un espacio de la casa, o del lugar de trabajo, para limpiar el ambiente.

CRISTALES TALLADOS ✦ Un cristal o una gema que han sido tallados para resaltar su brillo y capturar la luz, con el fin de potenciar sus energías.

CRISTALES REDONDEADOS ✦ Estas son las piedras que normalmente encontrarás en las estanterías de una tienda holística o especializada en ciencias. Son suaves al tacto, brillantes, y da gusto tenerlas en la mano.

CRISTALES EN FORMA DE VARA ✦ Este tipo de cristal con uno de sus extremos tallado en forma de punta se utiliza frecuentemente en joyería, pero un sanador también puede emplearlo para dirigir las energías de una forma más precisa.

En cuanto hayas elegido una piedra, lo primero que debes hacer es lavarla. La piedra no ha llegado a ti directamente desde la tierra: fue hallada, manipulada y empaquetada por otras personas; por lo tanto, la energía de todas esas personas está en ella. Puedes purificar tu cristal de varias formas: sumergirlo en agua salada o dejar correr agua sobre él (preferiblemente de un arroyo, aunque también puedes ponerlo bajo la lluvia, y en casos de emergencia puedes lavarlo con agua del grifo) son las formas más simples. Si tu piedra es demasiado delicada para usar esos métodos, puedes dejarla reposar junto a un cuarzo transparente o una cornalina, ya que ambos tienen propiedades depurativas; también puedes preparar inciensos de hierbas (ver la página 84) o dejar que el sol o la luna obren su magia «lavando» las piedras con su luz.

Una vez que la piedra esté limpia, ya puedes activarla. Cada piedra tiene propiedades especiales, pero tú puedes realzar su poder programándola según tus propias necesidades e intenciones. El cuarzo transparente, en particular, puede convertirse en cualquier cosa que tú quieras y hacer todo aquello que le pidas.

Puedes activar tu cristal de cualquier forma que lo desees. Esto puede ser tan simple como sostener el cristal en la mano y establecer una intención. También puedes invocar un poder superior o preparar el escenario para tu proceso de sanación realizando un ritual.

Permanece de pie bajo la luz pura, sea del sol o de la luna, dependiendo de tus necesidades, sosteniendo el cristal con las manos ahuecadas para que la luz brille sobre él. Di en voz alta una frase que elijas, invocando el amor y la luz de un modo que sea significativo para ti. Si estás usando tu cristal para un propósito específico, nombra ese propósito y centra tu intención en la piedra. Sujeta el cristal cerca del corazón e inclina la cabeza, expresa tu gratitud a la energía que hay en el interior de la piedra, o al poder superior, lo que consideres que es más apropiado para ti.

Y después de haber activado la piedra puedes usar un alambre fino y una cadena para convertirla en un collar que usarás como una preciosa joya que te brindará protección. También puedes llevarla contigo en un bolsillo, colocarla en un grisgrís,* incorporarla en un hechizo (ver las páginas 85 y 107), o ponerla en algún lugar de tu casa para que te cuide y proteja.

---

* N. de la T.: Un grisgrís es una bolsita hecha de tela o piel que se usa como amuleto protector. Trae buena suerte a la vez que ahuyenta al demonio. Es una palabra de origen africano introducida en Francia en el siglo XVI.

Aura de patrón cetérico
Aura celestial
Aura de patrón etérico
Aura astral
Aura mental
Aura emocional
Aura etérica

AURAS

TODOS NOS HEMOS SENTIDO INCÓMODOS ALGUNA VEZ AL ESTAR junto a una persona en un ascensor o en la calle, al haber tenido la sensación de que nos ha tocado inesperadamente aunque en realidad no lo haya hecho. Y en esa ocasión nos hemos alejado todo lo que hemos podido de esa persona. Todo el mundo ha experimentado en alguna ocasión esa sensación de incomodidad, de invasión. Y también pasa lo contrario; a veces el mero hecho de estar cerca de alguien que amamos, o cuya energía nos inspira, puede ser muy reconfortante y proporcionarnos una sensación física de calidez y comodidad. A eso invisible que nos rodea podemos denominarlo nuestro «espacio», nuestra «burbuja» o nuestro «campo energético», aunque el término espiritual es *aura*.

Todas las cosas vivientes están rodeadas por un aura. Un aura típica rodea al cuerpo ocupando un espacio que puede llegar hasta los 90 centímetros, aunque el tamaño real depende de cada persona. Frota enérgicamente las palmas de las manos para generar calor. Luego sepáralas lentamente prestando atención a la energía que sientes entre ellas y a las vibraciones, el temblor y el calor residual. Esa es tu propia aura.

La energía que fluye a través del cuerpo, y se concentra en los chakras, atraviesa la piel para interactuar con el mundo exterior. Por este motivo, todo lo que sentimos dentro de nosotros se refleja en el exterior. Una persona que sea capaz de leer el aura se dará cuenta de si estamos desequilibrados. Sin embargo, la falta de equilibrio también se manifiesta claramente de otras maneras. Cada vez que interpretamos la conducta de alguien, estamos percibiendo su desequilibrio interno: «Mi marido me habló de muy mal modo; sé que está estresado en el trabajo» o «Mi amiga está todo el tiempo cansada; sé que no se está cuidando muy bien». A menudo no necesitamos nada más para saber lo que está pasando, lo comprendemos a través del lenguaje corporal o de las expresiones faciales o incluso de algún sentido innombrable. Y las auras se pueden leer precisamente gracias a ese sentido innombrable.

Un aura tiene siete capas, llamadas cuerpos sutiles, y dichas capas pueden fluctuar en visibilidad y tamaño, dependiendo del estado interno de la persona. Por esta razón, el aura de un individuo no siempre se ve de la misma forma y color. Todo depende de cuál es la capa dominante en un momento específico.

AURA ETÉRICA ✦ Esta es la capa más cercana al cuerpo físico. En estado de reposo se extiende solamente entre 2,5 y 5 centímetros más allá de la piel. Contiene información sobre el bienestar físico de la persona. Se puede ver con una fotografía Kirlian o electromagnética. Su color normalmente varía entre el azul (cuando la persona es más sedentaria y tiende a ser emocional) y el gris (cuando la persona es más activa).

AURA EMOCIONAL ✦ Este cuerpo sutil se extiende alrededor del cuerpo hasta una distancia de unos 7,5 centímetros, y corresponde al estado emocional de la persona. El aura emocional puede tener cualquier color y presentar manchas que significan diferentes emociones. Si el estado emocional es confuso o conflictivo, el aura aparece un poco turbia.

AURA MENTAL ✦ Esta aura se extiende unos 20 centímetros alrededor del cuerpo. Si una persona está abstraída en sus pensamientos, esta capa es de color amarillo brillante con chispas de colores que dependen de las emociones que estén asociadas a esos pensamientos.

AURA ASTRAL ✦ Las primeras capas aurales se asientan en el ser. A partir de esta capa, las cosas se tornan un poco más desenfrenadas. El aura astral está estrechamente vinculada con el aura emocional, pero refleja el ser superior o la mejor versión de nosotros mismos. Brilla con tonos rosados cuando estamos enamorados, sea de forma platónica o viviendo un romance real. Esta capa es el puente para los viajes astrales, y se extiende unos 30 centímetros más allá del cuerpo.

AURA DE PATRÓN ETÉRICO ✦ Esta aura se extiende unos 60 centímetros alrededor del cuerpo. Puede resultar muy difícil verla y comprenderla. El aura de patrón etérico es esencialmente un plan o proyecto para toda la vida física. Se percibe de color azul.

AURA CELESTIAL ✦ Este cuerpo sutil se extiende unos 70 centímetros alrededor del cuerpo. Sus colores tienden a ser tonos pastel, suaves y resplandecientes, y representa nuestra comunicación con lo Divino. Aquí se encuentran las emociones del amor extático, ya que el amor es nuestra conexión más poderosa con el reino espiritual.

AURA DE PATRÓN CETÉRICO ✦ Esta aura ocupa un espacio de aproximadamente unos 90 centímetros más allá del cuerpo, y brilla como una estructurada red dorada. Si el aura celestial se relaciona con nuestra conexión emocional con lo Divino, el aura de patrón cetérico está vinculada con nuestro conocimiento mental y espiritual. Aquí reside nuestra intuición.

Aunque todos somos capaces de percibir las auras, no todos podemos ver todas las capas, al menos no de manera individual. Solo los practicantes muy experimentados tienen la habilidad de hacerlo. Una vez que hemos aprendido a ver realmente las auras, y no simplemente sentirlas, aún podemos tener dificultades para interpretarlas. Las capas se encuentran una encima de otra, de modo que lo que vemos es una combinación de todas ellas. De cualquier manera, esto nos ofrece un montón de información y nos permite interpretar lo que vemos. Un aura rara vez se ve de un solo color, aunque es frecuente que haya un color dominante. Si el color es brillante, el aura se considera saludable; pero si es un poco difuso, la persona puede estar experimentando algún problema emocional.

LOS COLORES MÁS COMUNES DEL AURA Y SUS SIGNIFICADOS

Rojo

Un aura roja puede ser difícil de interpretar, ya que puede indicar tanto energías positivas como negativas. Utiliza tu propia respuesta emocional frente al aura de otra persona para poder discriminar de qué energías se trata. El rojo puede indicar un orgullo saludable y una sensación de valía personal, pero también puede significar cólera y ansiedad. Desde un punto de vista físico, un aura roja ofrece una representación del corazón y la circulación sanguínea.

ROJO OSCURO: normalmente indica a alguien que está centrado y conectado a tierra, y que tiene un fuerte sentido de autopreservación.

ROJO TURBIO: indica cólera.

ROJO BRILLANTE: muestra a una persona apasionada, competitiva, sensual y vigorosa.

ROSA: muestra un temperamento artístico y cariñoso. Si este no es el color habitual de la persona, el aura puede haberse tornado rosa porque se ha enamorado recientemente o porque en ese momento está sintiendo más profundamente el amor. También puede indicar que la persona posee capacidades psíquicas.

ROSA TURBIO: indica engaño e inmadurez emocional, que frecuentemente es la causa del engaño.

Naranja

Un aura de color naranja generalmente señala que la persona goza de buena salud y está llena de vitalidad y energía. También ofrece un indicio de lo que está sucediendo en su sistema reproductor.

ROJO ANARANJADO: indica confianza.

AMARILLO ANARANJADO: esta persona es creativa, inteligente y perfeccionista.

NARANJA TURBIO: esta persona se siente perezosa, o carece de ambición. También puede estar emocionalmente bloqueada y ser incapaz de avanzar.

Amarillo

Se trata de alguien optimista, divertido y lleno de vida. Aunque un aura de color amarillo también puede indicar que el hígado o el bazo no están funcionando bien.

AMARILLO PASTEL: optimismo y conciencia espiritual.

AMARILLO BRILLANTE: lucha por tener poder personal.

AMARILLO TURBIO: indica cansancio derivado de querer hacer demasiadas cosas al mismo tiempo.

Verde

Muchos maestros y sanadores tienen un aura de color verde, como también las personas que trabajan con el mundo natural. Es el color del amor y la sanación. Un individuo con un aura verde trabaja para ayudar al mundo de la forma que esté a su alcance. Un aura verde también ofrece información sobre la salud del corazón y los pulmones.

AMARILLO VERDOSO: excelente comunicador/a.

VERDE BRILLANTE: sanador/a natural

VERDE TURBIO: celos o envidia, inseguridad. Esta persona tiene problemas para asumir la responsabilidad de sus acciones.

Azul

Las personas que tienen el aura de color azul son serenas y compasivas, sensibles e intuitivas. Un aura azul también puede decir algo sobre el estado de la tiroides.

AZUL TURQUESA: sanador/a poderoso/a, particularmente en el campo de la salud emocional y mental.

AZUL CELESTE: la persona es fiable y pacífica.

AZUL BRILLANTE: la persona es intuitiva y espiritual.

AZUL TURBIO: deshonestidad o falsedad, pero no por malicia sino por miedo.

Púrpura

Quienes tienen un aura de color púrpura son profundamente espirituales y tienen dones extraordinarios; un aura púrpura también puede indicar que hay algún problema en el sistema nervioso.

ÍNDIGO: una persona muy soñadora, pero en el mejor sentido posible. Puede conseguir que el mundo sea como ella quiere que sea.

VIOLETA: una persona psíquicamente poderosa y sabia.

LAVANDA: una persona imaginativa y creativa.

VIOLETA TURBIO: este individuo tiene dones psíquicos que están bloqueados por alguna fuerza interior.

Plateado

Un aura de color plateado indica abundancia, sea espiritual o económica. Por otro lado, un aura gris indica que la persona tiene miedos que le producen sufrimientos físicos.

Dorado

✳

La persona cuya aura es dorada está en comunicación directa con lo Divino. Muchos de nuestros grandes líderes espirituales, como Gandhi o Martin Luther King júnior tendrían auras doradas.

Negro

Si el aura es de color negro, está atrayendo hacia ella todas las energías, como si fuera un agujero negro. Estas personas se sienten heridas psíquica o físicamente, e intentan curarse a sí mismas de una manera que no es efectiva.

Blanco

✳

El blanco indica lo nuevo y la pureza. Se dice que los seres celestiales tienen auras blancas. Una persona que está iluminada puede tener un aura blanca, y también los niños suelen tener el aura de este color.

CÓMO VISUALIZAR EL AURA

En primer lugar, empieza a familiarizarte con *sentir* las auras. Todos lo hacemos de manera instintiva, por eso es simplemente cuestión de prestar más atención. Elige una persona que esté cerca de ti en el tren, o que se haya sentado a tu lado en el parque, y obsérvala. ¿Cuál es tu reacción instintiva? Utiliza todos tus sentidos: ¿qué aspecto tiene, cómo huele? ¿Cuál es tu respuesta emocional? Sigue adelante y asígnale un color. Intenta no otorgarle ningún significado mental, déjate guiar por tus instintos e intuición.

A continuación, trata de utilizar tu visión periférica, que a menudo nos permite vislumbrar objetos y colores que realmente no están allí o que por lo general no son visibles. Nuestra visión periférica nos ofrece mucha más información de lo que normalmente nos permitimos conocer. Si miras de reojo a esa persona, ¿percibes algún color? Esta visión periférica se puede desarrollar con la práctica.

Para que puedas enfocar tu mirada de una forma más intencionada, pídele a la persona que se ponga de pie frente a una pared blanca y que se balancee suavemente de lado a lado. Deja que tus ojos se desenfoquen. No tenses los ojos ni bizquees; esto no requiere tener buena vista, pues realmente no se trata de ver. Cualquier color que identifiques luego en el espacio que la persona ocupaba te indica su aura.

CÓMO LIMPIAR TU AURA

Limpiar tu aura no es diferente a equilibrar los chakras. Realmente, la diferencia más sustancial es que se debe hacer con más frecuencia porque el mundo exterior afecta más fácilmente a las auras que los chakras. El mero hecho de rozar un aura negativa puede introducir negatividad en nuestra propia aura. Los cambios súbitos de ánimo que no tienen explicación, o un buen momento que de repente se transforma en un momento malo, pueden ser el resultado del impacto del aura de otra persona con la nuestra.

Limpia tu aura realizando el ritual de limpieza de los chakras (ver la página 24) y luego trabaja para fortalecerla y protegerla de futuras invasiones. Durante la meditación, visualiza un muro de protección psíquico alrededor de tu campo energético, un muro que es permeable solamente a lo que tú desees dejar pasar

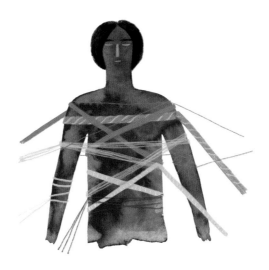

al interior. El muro puede calmar tu rabia, bloquear todo lo que agota tu energía y facilitar que recibas amor y positividad.

También hay cordones que nos atan a las personas que nos rodean; cordones gruesos e irrompibles entre aquellos que más amamos e hilos que conectan a los extraños entre sí. Esos hilos pueden volver a crecer, pero a veces tú necesitas espacio para sanarte. Visualízate rompiendo esos hilos y permitiendo que esos cordones gruesos e irrompibles se aflojen: seguirán estando conectados pero ya no tirarán de ti. Visualiza también si es necesario romper o debilitar uno de esos cordones (por ejemplo, si una amistad se ha vuelto tóxica).

Si sientes que tu aura está muy difusa y que te has dispersado demasiado, visualiza como tu aura se contrae y refrénala para mantener tus energías cerca de tu corazón.

Si la meditación y la visualización te resultan complicadas, ¡no estás solo! Hay otras formas más físicas y tangibles para limpiar tu aura. El agua es excelente para aclarar el aura, especialmente el agua en movimiento, como la de un arroyo, una cascada o el océano. Si eso no está a tu alcance, puedes tomar un baño con agua salada. Los cristales pueden ser muy útiles, así como también algunos remedios a base de hierbas.

* * *

SEGUNDA PARTE

MAGIA PARA LOS WICCANOS* DE FIN DE SEMANA

Hierbas para la sanación, hierbas para los hechizos...
Danza al amanecer para recibir a Beltane y disfruta de tu bruja interior

* N. de la T.: Personas que practican la wicca, una religión neopagana vinculada con la brujería y otras religiones antiguas. Fue desarrollada en Inglaterra durante la primera mitad del siglo XX y presentada al público en 1954 por Gerald Gardner, un funcionario jubilado británico que afirmó haber descubierto una antigua religión pagana.

CURAR CON
HIERBAS

. . . .

HAY ALGO SENCILLAMENTE DELICIOSO EN LA FRASE *TINTURAS A BASE*
de hierbas. La palabra *elixir* también tiene una magia agradable-
mente antigua. Sin embargo, para bien o para mal, los remedios a
base de hierbas no son mágicos en absoluto. Tomemos por ejemplo la aspirina: a principios del siglo XX era considerada un remedio maravilloso… pero la gente había estado mascando cortezas
de sauce durante siglos consiguiendo el mismo resultado. Ambas contienen ácido salicílico, el ingrediente activo de la aspirina que calma el dolor. Empezamos a tomar aspirina en vez de
tomar infusión de corteza de sauce, porque de ese modo inge-
ríamos una concentración mucho más alta de ácido salicílico. Y
además (¡premio extraordinario!) evitábamos sentir el gusto de
la corteza de sauce.

En la actualidad, miramos a los farmacéuticos con un poco
más de cautela y un poco menos de entusiasmo. Todos nos hemos enfrentado a los efectos secundarios de los medicamentos,
a la manipulación de los precios, a los problemas de adicción y de
dosis excesivas. La verdad es que la aspirina, el ibuprofeno o el
naproxeno han llegado a ser más efectivos que la cúrcuma, la corteza de sauce o la ortiga. Sería necesario consumir una *cantidad*

enorme de cúrcuma para alcanzar el mismo nivel de alivio del dolor que conseguimos tomando naproxeno. No obstante, la cúrcuma nunca va a causar una hemorragia estomacal, ni tampoco problemas renales o hepáticos, como sí puede suceder con el naproxeno. Si tienes una migraña, o un dolor en la espalda debido a un disco vertebral que se ha desplazado de su sitio, toma naproxeno; pero si tienes un dolor de cabeza leve o un dolor muscular, quizás podrías considerar añadir una buena cantidad de cúrcuma a tu cena.

Las hierbas pueden ser de gran ayuda para aliviar una amplia variedad de síntomas, desde el malestar estomacal hasta los calambres, desde la depresión hasta las alergias. Probablemente ya estés familiarizado con algunas plantas curativas y tal vez también las utilices, por ejemplo la equinácea, el jengibre, la kava,[*] y la manzanilla. Pero ¿acaso has considerado los beneficios de la hierba gatera,[**] el cardo mariano o el castaño de Indias?

La manera *más fácil* de utilizar hierbas curativas es comprar algunos suplementos, aunque quizás no sea la *mejor*.

También es posible que los remedios a base de hierbas no te sienten bien porque están interactuando con los medicamentos recetados o de venta libre que estás tomando; y si tomas una dosis mayor que la recomendada podrías tener problemas con el hígado o la tensión sanguínea. Debemos ser prudentes. Por ejemplo, durante el embarazo no hay que tomar *nada* sin consultar primero con el médico.

---

[*] N. de la T.: Hierba nativa de las islas del sur del Pacífico. Las sustancias tomadas de la raíz se han usado en algunas culturas para aliviar el estrés, la ansiedad, la tensión, el insomnio y los trastornos de la menopausia.

[**] N. de la T.: La hierba gatera, menta gatuna, albahaca de gatos, gataria o nébeda es una planta natural de Europa que crece en terrenos baldíos, taludes, setos, terraplenes y ruinas de casas viejas. También crece asilvestrada en Asia occidental y Norteamérica.

Si tomas infusiones de hierbas o ingieres las plantas en forma de tintura, es mucho menos probable que consumas una dosis alta del principio activo. Y, por otra parte, cultivar las hierbas curativas y ponerlas a secar es más *divertido*, y además es muy agradable preparar luego infusiones, tinturas, compresas y emplastos. Las brujas del cerco de la Antigüedad sabían dónde encontrar todas las plantas necesarias para preparar cualquier remedio y cómo utilizarlas. Sus habilidades eran tan impresionantes que parecían mágicas.

HIERBAS Y FRUTOS COMUNES Y SUS USOS

Arándanos

✦

Se pueden comprar frescos o congelados, y también en píldoras. Esta planta es una fuente muy buena de vitamina C, fibra y vitamina E.

BENEFICIOS: se usa frecuentemente para tratar y prevenir las infecciones del tracto urinario. También ha demostrado reducir el riesgo de enfermedades cardiovasculares, detener la progresión de tumores cancerosos y prevenir las enfermedades de las encías.

USOS RECOMENDADOS: su sabor es bastante ácido, motivo por el cual a menudo lleva gran cantidad de azúcar. Es aconsejable comprarlos con poco contenido en azúcar y abstenerse de la mayoría de los zumos de arándanos. Si se tolera su sabor, se pueden beber en zumo sin endulzar para aliviar las infecciones de las vías urinarias. Es una buena idea preparar una salsa casera de arándanos para el Día de Acción de Gracias.

PROBLEMAS: ninguno conocido.

Ashwagandha*

Su nombre se traduce como 'olor a caballo'. Es difícil encontrar esta hierba fresca; generalmente se comercializa en polvo, en comprimidos, en infusiones y en extractos.

BENEFICIOS: aumenta la energía, refuerza el sistema inmunitario, es antiinflamatoria y calma la ansiedad.

USO RECOMENDADO: mezclar un cuarto o media cucharadita de polvo de la planta con leche tibia y miel y consumir antes de ir a la cama.

PROBLEMAS: puede aumentar los niveles de la hormona tiroidea, así como provocar hipoglucemia.

Caléndula

Es conocida también como botón de oro. Se puede cultivar en un jardín o comprar en forma de infusiones, aceites y cremas. Es muy útil como colorante alimentario y como tinte.

---

* N. de la T.: La ashwagandha es un arbusto de hoja perenne que crece en Asia y África. Se usa comúnmente para aliviar el estrés. Contiene sustancias químicas que pueden ayudar a calmar la ansiedad, reducir la hinchazón, disminuir la presión arterial y equilibrar el sistema inmunitario.

BENEFICIOS: colabora en la cicatrización de cortes y heridas. Alivia la dermatitis del pañal y otras irritaciones de la piel. Calma el malestar estomacal.

USOS RECOMENDADOS: dejar reposar diez minutos los pétalos en agua caliente que no haya llegado al punto de ebullición y luego beber la infusión. Mezclar las flores secas con aceite de coco, de almendras o de oliva para utilizarla como ungüento.

PROBLEMAS: ninguno conocido.

Cardo mariano

✦

Crece con mucha facilidad, de hecho, está considerado como una mala hierba. Se comercializan las hojas para preparar infusiones y también se puede comprar en forma de extracto o píldoras.

BENEFICIOS: el cardo mariano puede proteger tu hígado eliminando las toxinas; por ejemplo, el alcohol. También se puede utilizar para tratar la cirrosis y la ictericia. Además, ayuda a eliminar el daño que producen las toxinas medioambientales.

USOS RECOMENDADOS: colocar las hojas en agua caliente para preparar una infusión o hacer una tintura.

PROBLEMAS: puede causar diarrea.

Castaño de Indias

Esta no es la clase de castañas que pueden tostarse al fuego, aunque de cualquier modo son muy útiles. No es aconsejable procesarlas personalmente porque las semillas contienen esculina, una sustancia venenosa. Lo mejor es comprarlas en forma de extracto o píldoras.

BENEFICIOS: ha demostrado ser extremadamente efectiva para tratar las venas varicosas, y también es indicada para el tratamiento de las hemorroides y los síntomas de congelamiento.

USO RECOMENDADO: 300 miligramos de extracto de semillas de castaño de Indias dos veces al día.

PROBLEMAS: no se debe consumir la semilla, la corteza ni las hojas crudas.

Cohosh negro *

Esta planta de la familia de las ranunculáceas se puede cultivar en un jardín. También es posible adquirir las raíces secas o consumirla en forma de cápsulas, infusiones y extractos.

---

* N. de la T.: El *cohosh* negro es el rizoma (tallo subterráneo) de una planta que puede ser ingerida directamente en forma de polvo, comprimidos o en forma líquida. También se conoce como hierba de San Cristóbal, raíz de culebra negra, cimicifuga, raíz de cascabel o raíz india.

BENEFICIOS: alivia los dolores artríticos y menstruales, y los síntomas de la menopausia.

USOS RECOMENDADOS: se puede beber en infusión o mezclarla con miel para preparar un jarabe.

PROBLEMAS: puede causar malestar estomacal, por lo que es aconsejable tomarla con las comidas.

Díctamo *

Esta es una de esas hierbas que tienen una larga historia. También se la conoce como la «zarza ardiente». Es fácil de cultivar, y es recomendable hacerlo porque resulta difícil encontrar las hojas para preparar infusiones o la planta seca.

BENEFICIOS: propiedades antibacterianas, antimicóticas y antimicrobianas. Buena para la piel y los intestinos, y se cree que es afrodisíaca.

USOS RECOMENDADOS: poner la hierba en agua caliente para preparar una infusión. Esta planta se debe consumir con moderación. Se puede utilizar como bálsamo antibacteriano.

---

* N. de la T.: La *Dictamnus albus* es conocida popularmente en España como hierba gitanera o díctamo blanco.

PROBLEMAS: al utilizarla sobre la piel es preciso no exponerse al sol, porque puede aumentar el riesgo de quemaduras solares.

Gordolobo

Este es el cuarzo transparente de la sanación con hierbas. Se encuentra fácilmente en el campo y también se puede cultivar. La planta se vende seca o en forma de cápsulas.

BENEFICIOS: se conoce particularmente por sus propiedades para aliviar problemas respiratorios (tos, bronquitis, asma, neumonía...). Esta planta también calma el dolor de oídos, el dolor de garganta y las migrañas; además, baja la fiebre y es buena para la piel.

USOS RECOMENDADOS: aplicar una tintura para aliviar la infección de oídos, beber en infusión o utilizar en forma de bálsamo o pomada para curar heridas y moratones.

PROBLEMAS: ninguno conocido.

Hierba gatera

Esta planta se puede cultivar con facilidad, y además es posible comprarla en forma de cápsulas, infusiones, extractos y aceites esenciales. También es muy efectiva como repelente de insectos.

BENEFICIOS: propiedades antiinflamatorias. Es indicada para el insomnio, el malestar estomacal, los dolores menstruales, las jaquecas y el resfriado común.

USOS RECOMENDADOS: sumergirla en agua caliente para preparar una infusión, verter el aceite esencial en el baño o frotarla sobre las sienes. También se puede utilizar en la cocina (pertenece a la familia de la menta, de manera que su sabor es muy bueno).

PROBLEMAS: ninguno conocido.

Llantén

✦

Muy popular en estos días, el llantén se cultiva fácilmente, pero también se puede comprar seco o en cápsulas.

BENEFICIOS: esta planta es muy buena para la piel, en particular para aliviar el dolor que producen las picaduras de insectos o la picazón de la hiedra venenosa y las quemaduras de sol. Baja el colesterol, ayuda a tratar las infecciones de la vesícula biliar y es eficaz para tratar el estreñimiento o la diarrea.

USOS RECOMENDADOS: preparar un emplasto mezclando el llantén con arcilla y agua; también se puede mezclar con un aceite de base para preparar una pomada o bálsamo. Dejar reposar en vinagre y pulverizar sobre la piel para aliviar el dolor. Beber en infusión.

PROBLEMAS: ninguno conocido.

Malvavisco

Lamentablemente no me refiero a la golosina. Se puede comprar la raíz seca y también cápsulas, infusiones, polvo o extracto.

BENEFICIOS: esta planta es de gran ayuda para tratar la tos seca y para eliminar la inflamación del revestimiento estomacal, y además está indicada para tratar las quemaduras de sol y los sabañones.

USOS RECOMENDADOS: tomar en infusión o añadir a un aceite base para preparar un bálsamo.

PROBLEMAS: puede provocar hipoglucemia.

Melisa

Esta planta, también conocida como toronjil, pertenece a la familia de la menta y tiene un característico olor a limón. Se cultiva fácilmente, pero también se pueden comprar las hojas para preparar infusiones, en extracto o como aceite esencial.

BENEFICIOS: calma la ansiedad, proporciona un sueño reparador. Es buena para la piel, mejora el ánimo y aporta claridad mental.

USOS RECOMENDADOS: hacer una infusión con hojas frescas o secas. Se puede utilizar para cocinar, para dar sabor a la miel o al vinagre, y también se puede utilizar en un baño caliente.

PROBLEMAS: ninguno conocido.

Milenrama (aquilea)

✦

Esta planta pertenece a la familia de los girasoles. Se cultiva fácilmente y se puede comprar seca o como aceite esencial.

BENEFICIOS: baja la fiebre, calma los síntomas del resfriado y la gripe. Alivia los calambres, aporta sensación de calma y relajación, y ayuda a dormir mejor. Suprime la urgencia de orinar (por ejemplo, en las infecciones del tracto urinario). Uso tópico para erupciones o sarpullidos y pequeños cortes.

USOS RECOMENDADOS: beber en infusión al atardecer para inducir el sueño o para aliviar los síntomas del resfriado y la gripe. También se puede preparar una pomada para uso externo.

PROBLEMAS: ninguno conocido.

Ruda

En contextos literarios anglosajones, la ruda ha sido llamada la «hierba de la gracia». Se cultiva fácilmente y también se puede comprar seca, en cápsulas o como aceite esencial.

BENEFICIOS: utilizada para estimular la menstruación, puede brindar sensación de calma y bienestar; alivia la acumulación de gases y mucosidades, y calma los dolores de la artritis.

USOS RECOMENDADOS: usada en forma de aceite o emplasto, puede aliviar la congestión del pecho y el síndrome de crup.* Beber como infusión para calmar la ansiedad.

PROBLEMAS: presenta un problema grave, y es que puede causar abortos. Se debe utilizar en pequeñas cantidades, independientemente de que haya o no un embarazo.

Saúco

Esta hierba se utilizó para combatir la epidemia de gripe en Panamá en 1995. Se puede cultivar, pero también es posible comprarla en píldoras. Si pretendes cultivarla en tu jardín, busca la

---

* N. de la T.: El crup es una inflamación de las cuerdas vocales (laringe) y la tráquea. Causa dificultad para respirar, tos seca y voz ronca. La causa suele ser un virus, a menudo paragripal. También puede ser causada por alergias o reflujo.

variedad *Sambucus nigra,* ya que las otras variedades pueden ser tóxicas.

> **BENEFICIOS:** refuerza el sistema inmunitario, trata las infecciones de los senos frontales, reduce los niveles de azúcar en sangre, actúa como diurético y laxante, y está indicada para la salud de la piel y las alergias.
>
> **USOS RECOMENDADOS:** ¡Las bayas son deliciosas! Se puede preparar un jarabe, mermeladas o jaleas, y también vino.
>
> **PROBLEMAS:** no debes recoger las bayas silvestres, a menos que estés absolutamente seguro de que la planta es de la variedad *Sambucus nigra.* Además, debes cocinarlas siempre para eliminar su toxicidad.

Tanaceto

He aquí otra hierba con una larga historia. Se puede cultivar fácilmente, y también se puede comprar seca, aunque es más frecuente encontrarla en píldoras.

> **BENEFICIOS:** durante siglos se utilizó para aliviar la fiebre, para asistir los partos y para favorecer la fertilidad. Actualmente su uso más frecuente es para calmar las migrañas. También puede ser efectiva para tratar el tinnitus, las náuseas, los mareos, el asma y las alergias.
>
> **USOS RECOMENDADOS:** no tiene buen sabor, de manera que no es recomendable consumirla en forma de infusión. Lo más aconsejable es preparar una tintura.
>
> **PROBLEMAS:** si esta planta se ingiere en infusión, a veces puede causar irritación en la boca. Cuando se consume en grandes cantidades de forma regular, pueden aparecer síntomas al dejar de tomarla, de manera que debes utilizarla únicamente cuando sea necesario. Puede provocar contracciones en el útero, así que está totalmente contraindicada durante el embarazo.

Valeriana

Es una planta muy atractiva para tener en el jardín, y tiene un aroma muy agradable. Sus propiedades están en la raíz, aunque esta no huele muy bien. Se cultiva fácilmente, y se comercializa en cápsulas y en extracto; también se pueden comprar las hojas para preparar infusiones.

BENEFICIOS: la valeriana es muy efectiva contra el insomnio. También calma la ansiedad y la depresión, y es de gran ayuda para el trastorno de déficit de atención e hiperactividad (TDAH) y las jaquecas.

USOS RECOMENDADOS: beber una infusión de hojas de valeriana para usar como un sedante suave; si se prefiere que el efecto sea más intenso, se pueden incluir las raíces. Añadir una tintura de valeriana al baño produce el mismo efecto, aunque mucho más suave, por eso es una buena alternativa para los niños.

PROBLEMAS: ninguno conocido, aunque se recomienda no trabajar con maquinaria pesada después de consumirla.

Verbena

Normalmente se utiliza la verbena azul, pero los otros tipos parecen ser igualmente efectivos. Se cultiva fácilmente, y también se puede comprar seca o en extracto.

> **BENEFICIOS:** calma la ansiedad y el insomnio. También alivia los dolores, relaja las tensiones musculares y favorece el bienestar general.
>
> **USOS RECOMENDADOS:** sumergir en agua caliente para beber como infusión. No es recomendado su uso en la cocina, a pesar de su olor agradable. Se puede añadir al agua del baño.
>
> **PROBLEMAS:** puede causar náuseas.

CÓMO PREPARAR UNA TINTURA

Para preparar una tintura es necesario macerar la hierba entera, o la raíz, en alcohol con el fin de extraer sus aceites, minerales, alcaloides y glucósidos hasta obtener su forma más pura. También se puede macerar en glicerina vegetal o vinagre de manzana, especialmente para preparar tinturas que se van a utilizar con niños, aunque estos materiales no son tan efectivos para extraer las propiedades esenciales de la planta.

El alcohol debe ser fuerte, como mínimo de 80 grados. El Everclear* funciona muy bien, como también el vodka o el brandi. Además, se necesita un tarro de medio litro para colocar la hierba o la planta que quieras utilizar. Cualquiera de las hierbas que acabo de enumerar será efectiva. Se trocea finamente la hierba sobre una tabla de madera o se machaca en un mortero para que se deshaga con más facilidad. Lo más indicado es llenar el recipiente sin presionar demasiado las hierbas. Luego hay que añadir el alcohol hasta llenar el tarro. (Si estás usando hierbas o raíces secas, solo necesitas poner una cantidad que llegue hasta la mitad del recipiente y luego añadir el alcohol hasta llenarlo).

Cierra firmemente el tarro. Pon una etiqueta con la fecha de preparación y deja reposar el contenido en un sitio fresco y oscuro. Durante la primera semana, agita el recipiente una vez al día, luego déjalo asentar durante cinco semanas.

---

* N. de la T.: Este aparentemente inofensivo destilado de granos de maíz (etanol) fue incluido en el libro de los récords Guinness como la bebida más alcohólica del mundo. Es un brebaje parecido al vodka y alcanza una insólita graduación de 95 grados.

Al final del periodo de reposo, fija una tela de muselina a la boca del tarro para filtrar el líquido. Vierte la tintura en una botella pequeña de vidrio oscuro, preferiblemente con gotero, y luego guárdala resguardada de la luz solar directa. La tintura puede conservar sus propiedades entre cinco y diez años.

CÓMO PREPARAR ACEITE A BASE DE HIERBAS

Es bastante complicado preparar tus propios aceites esenciales. Un verdadero aceite esencial se extrae hirviendo la hierba en cuestión y retirando luego el aceite que queda en la superficie, pero es mejor dejar esta tarea para los profesionales.

Sin embargo, puedes preparar tu propio aceite de hierbas aunque no esté tan destilado. Será igualmente efectivo, y es un método excelente para conservar las hierbas y poder usarlas en el invierno. Lo bueno de crear tus propios aceites es que puedes utilizar cualquier combinación de hierbas. Por ejemplo, puedes mezclar caléndula, malvavisco, gordolobo, llantén, hierba gatera, milenrama y melisa para hacer un aceite que es particularmente efectivo para el cuidado de la piel, o combinar lavanda, verbena, milenrama y melisa, y usar la mezcla como aceite relajante para frotar tus sienes.

Pica o machaca las hierbas que quieras utilizar y colócalas en un recipiente. Vierte un aceite base que te guste (los que más se utilizan son el aceite de oliva o de almendras), hasta aproximadamente 2 centímetros por encima de las hierbas, dejando alrededor de 1 centímetro de espacio en la parte superior. Cierra firmemente el recipiente y déjalo en un sitio donde esté expuesto a la luz del sol hasta que se asiente, lo que puede requerir como mínimo un mes.

Filtra la cantidad de aceite que vayas a utilizar con una tela de muselina y deja el resto en el recipiente para que siga macerándose. Utilízalo de este modo según lo necesites.

CÓMO PREPARAR UN EMPLASTO (O CATAPLASMA)

Un emplasto está compuesto por un haz húmedo y suave de hierbas, un trozo de tela y otros ingredientes. Es un excelente tratamiento tópico para curar distintas enfermedades. Un emplasto caliente es muy eficaz para eliminar las infecciones y aliviar las picaduras de abeja; también fomenta el drenaje de los abscesos. Un emplasto frío ayuda a reducir la inflamación.

Escoge las hierbas que deseas utilizar, sean frescas o secas. Si son frescas puedes machacarlas en un mortero (es la forma tradicional) o utilizar un procesador de alimentos (la forma moderna). Si estás pensando en preparar un emplasto frío, añade un par de cucharadas de agua caliente a las hierbas para activarlas y luego déjalas enfriar. Puedes añadir arcilla medicinal, sales de Epsom o bicarbonato, y combinarlas con agua hasta que la mezcla se convierta en una pasta densa.

Si tu piel está congestionada por la picadura de un insecto, puedes colocar un emplasto directamente sobre ella, asegurándote de que no esté muy caliente. Si se trata de una quemadura u otro tipo de herida que podría infectarse fácilmente, coloca un paño de algodón limpio entre la piel y el emplasto.

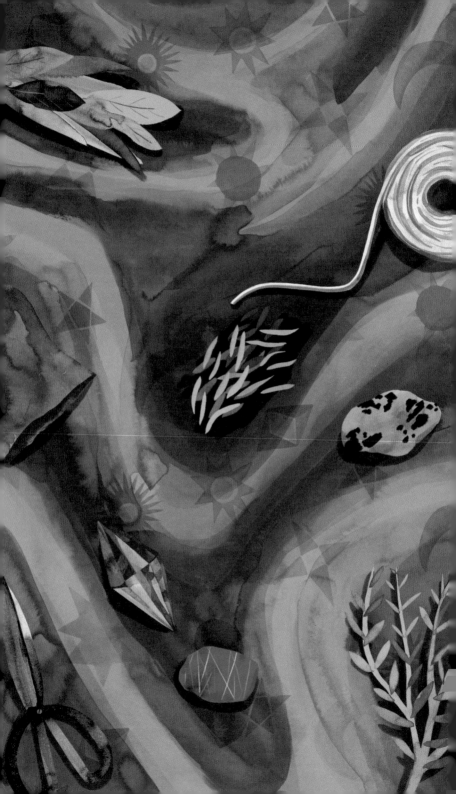

MAGIA A BASE DE PLANTAS

. . . .

SOLO HAY UN PEQUEÑO SALTO DESDE PRACTICAR LA SANACIÓN CON hierbas a practicar la magia a base de hierbas. Si te detienes un momento a pensar en ello, no dejamos de preparar pociones. ¿Una mascarilla casera relajante? Ya tenemos una poción. ¿Las bombas aromáticas que ponemos en el agua del baño? Otra poción. Es posible que no te parezcan mágicas porque no estamos diciendo «abracadabra, pata de cabra» pero, de hecho, los ingredientes conocidos como ancas de rana u ojos de tritón son sencillamente nombres folclóricos. *Ojo de tritón* es otra expresión utilizada para la semilla de mostaza, y *anca de rana* se refiere al botón de oro, o ranúnculo. Se ha dicho que estos nombres en realidad eran nombres en clave que utilizaban las brujas para mantener en secreto las recetas de sus pociones, mientras se reían de buena gana de algún tonto que ponía en riesgo su vida para conseguir una quijada de lobo cuando todo lo que realmente necesitaba era un poco de musgo.

Entonces, ¿qué es lo que se supone que hacen las semillas de mostaza y el musgo? En general, como casi todo lo que hay en este libro, se trata de la energía. Igual que los chakras y

77

los cristales (ver las páginas 15 y 29), la magia a base de hierbas sirve para volver a equilibrar tu cuerpo, mente y espíritu. Debes emplear estas hierbas de la misma forma que usas los cristales y los chakras, aprovechando el potencial de tu *prana*, tu energía, y guiándola de un modo afectuoso y positivo.

¡Esto no quiere decir que las hierbas no puedan utilizarse en hechizos! Hay hechizos de amor, hechizos de protección, hechizos para conseguir dinero, suerte o felicidad. También hay plantas que a veces se emplean en una magia más oscura. El tejo se puede utilizar para convocar la muerte y el perejil puede traer mala suerte. (Por algún motivo, el perejil era considerado *realmente maligno*). Sin embargo, todo consiste en la intención. Poner un poco de perejil en uno de los platos de la cena que estás preparando para un amigo no resultará dañino, a menos que tú lo desees. Y de cualquier modo, ¿quién podría decir que es culpa del perejil? En realidad, se trata de la energía negativa que estás poniendo en esa amistad (algo sobre lo que claramente deberías reflexionar).

Lo mismo puede decirse de la magia blanca, todo depende de la intención. Si guisas un plato de tomates estofados con canela, eneldo y albahaca, y concentras toda tu energía en convocar la abundancia, acaso llegues a tener ganancias imprevistas. (Eso sí, tu cena podría tener un sabor un poco extraño). Y por supuesto no se trata únicamente de la forma de cocinar. La botanomancia es la adivinación por medio de hierbas y consiste en quemar plantas o partes de árboles específicos para leer los mensajes en sus cenizas o en la forma en que se mueve el humo. Recoger verbena en luna nueva y colocarla luego debajo de tu almohada atraerá al objeto de tu deseo mientras sueñas. Si, en cambio, lo que pones bajo tu almohada es acebo, esta planta favorecerá los sueños proféticos.

La mayor parte de la magia basada en hierbas no trata tanto de lanzar hechizos como de utilizar plantas con propiedades mágicas específicas de manera intencionada. Colocar determinadas plantas alrededor de la casa, ingerirlas (si su consumo no representa ningún peligro), quemarlas o llevarlas colgadas del cuello en pequeñas bolsas son las formas más comunes y efectivas de traer a tu vida la brujería herbaria.

PLANTAS COMUNES Y SU USO EN LA MAGIA

ABRÓTANO ✦ Es la hierba referente para la brujería. Ayuda a realizar viajes astrales, potencia las habilidades psíquicas y evita el cansancio.

ACEBO ✦ Potente protección contra la maldad. Fomenta la masculinidad. Induce sueños proféticos.

AJENJO (también conocida como artemisa) ✦ Libera a las almas errantes para que puedan descansar. Muy útil en la adivinación.

AJO ✦ Protección, sanación, coraje y, por supuesto, exorcismo.

BELEÑO ✦ Ayuda a volar (en una escoba, pero también en un viaje astral). No se debe ingerir porque es venenoso.

BELLADONA (conocida también como atropa, solano furioso y bella dama) ✦ Es una planta venenosa que no se debe ingerir. Utilizada para volar (en una escoba y en un viaje astral), para hechizos de juventud y belleza, y para convocar a la muerte.

BETÓNICA ✦ Se usa para purificar y proteger a otros o a uno mismo. Evita las pesadillas.

CALÉNDULA ✦ Muy útil para las profecías. Ayuda a ver criaturas mágicas. Es aconsejable utilizarla al gestionar negocios o asuntos legales.

CINCOENRAMA ✦ Prosperidad, purificación y protección.

COMINO ✦ Apropiado para los hechizos de amor, y también como afrodisíaco.

ELÉBORO ✦ Puede hacerte invisible. Es muy útil en exorcismos.

ENEBRO ✦ Protege contra los accidentes y los robos.

ESPINO ✦ Protege contra los espíritus malignos, es bueno para la felicidad matrimonial.

EUFRASIA ✦ Prepara una tintura y unta tus párpados con ella para inducir visiones.

HELENIO ✦ Ayuda a levantar el ánimo.

HIERBA DE SAN JUAN ✦ Potencia el coraje y la fuerza de voluntad. Es buena para hacer desaparecer a los espíritus malignos.

HISOPO ✦ Purifica. Es adecuado para prepararse para hacer un viaje astral, y también para combatir los espíritus maléficos.

INCIENSO ✦ Una ayuda potente para la meditación.

LAVANDA ✦ Proporciona claridad de pensamiento, ayuda a tener visiones. Es buena para sentir paz y protección.

MADRESELVA ✦ Promueve la prosperidad y es muy útil para elaborar amuletos de amor.

MANDRÁGORA ✦ Adecuada para hacer un poderoso amuleto de protección. Aumenta la fuerza y el coraje, y también la virilidad y la fertilidad.

MEJORANA ✦ Contribuye a superar las penas.

MELISA (también conocida como toronjil) ✦ Afrodisíaca, también alivia los corazones rotos.

MILENRAMA ✦ Aumenta la percepción y las habilidades psíquicas.

MIRTO ✦ Se usa en hechizos de amor desde tiempos muy lejanos.

MUÉRDAGO ✦ Principalmente utilizado en hechizos de amor y para fomentar la concepción. También ofrece protección.

PIMPINELA ◆ Ayuda a detectar mentiras y engaños.

PRÍMULA (también conocida como onagra) ◆ Invita a los que han fallecido a visitarnos en sueños.

ROMERO ◆ La frase que hay que tener en cuenta es *romero para los recuerdos*. Mejora la memoria y las funciones mentales, y es muy útil en los hechizos de juventud.

SALVIA ◆ Favorece la fertilidad y la sabiduría. También es de gran ayuda para la salud y la longevidad.

SANGRE DE DRAGÓN* ◆ Cura la impotencia y es adecuada para los hechizos de amor.

TOMILLO ◆ Renueva la energía y purifica el espíritu.

TRÉBOL ◆ Cura la locura y también es muy útil en los rituales dedicados a la juventud y la belleza.

VERBENA ◆ Limpia los espacios rituales. Potencia la prosperidad y la creatividad.

---

* N. de la T.: La sangre de dragón es una resina de alto grado, que se obtiene de diversas plantas.

CÓMO PREPARAR SAHUMERIOS

Los sahumerios (o haces de incienso) son un pequeño manojo de plantas que se queman con el propósito de liberar sus propiedades en el aire. Normalmente, se utilizan para disipar la energía negativa del ambiente. Puedes preparar un haz de hierbas purificador combinando verbena, tomillo, hisopo y betónica, o uno protector con una mezcla de hierba de San Juan, mandrágora, espino, ajo y cincoenrama. También puedes atraer el amor a tu vida con un sahumerio a base de mirto, muérdago, sangre de dragón, madreselva y comino. O puedes combinar la salvia, que potencia la sabiduría; el romero, que fomenta la claridad, y la caléndula, para tener un estado mental claro y estar bien preparado para tus negocios.

Puedes utilizar hierbas secas o frescas. Una vez que las hayas elegido, tendrás que crear un haz de incienso que tenga 12 centímetros de largo, como mínimo, para poder sostenerlo cómodamente en tu mano mientras se quema. Usa un hilo de algodón para atar las hierbas hasta conseguir que el haz esté bien firme, subiendo y bajando el hilo a lo largo de los tallos. Si empleas plantas frescas, cuélgalas con el tallo hacia arriba para que se sequen durante una semana antes de utilizarlas.

Enciende el extremo superior de tu haz de hierbas con una vela. En cuanto se forme la llama, sopla para apagarla y cuando las hierbas comiencen a arder verás el humo elevarse. Esparce el humo sobre tu cabeza, o por toda la habitación, utilizando la mano para dispersarlo. Si quieres volver a utilizar este sahumerio te aconsejo no usar agua para apagarlo.

CÓMO PREPARAR UN GRISGRÍS

El grisgrís se conoce también por otros nombres, tales como bolsa de amuletos, bolsa para hechizos y bolsa para maleficios o mal de ojo. Estas bolsas son pequeños saquitos que puedes llevar contigo o colocar debajo de tu almohada o en el coche. También puedes ofrecerlas como regalo.

Comienza eligiendo la tela con la que vas a confeccionar la bolsa. Cuero, terciopelo y fieltro son las opciones más comunes. Todas ellas tienen diferentes connotaciones. El terciopelo puede fomentar el poder o un romance, mientras que el cuero puede invocar la fuerza o la protección. El fieltro es el material más utilizado por ser el más sencillo.

Por razones similares, el color de la bolsa también es importante. Vuelve a mirar los colores de los chakras porque pueden servirte de guía (ver la página 18 y siguientes).

Para confeccionar tu bolsa, corta dos cuadrados de 5 a 7 centímetros del material elegido y cóselos dejando abierto uno de los lados. Mientras coses la bolsa concentra toda tu energía en su contenido y en los beneficios que va a proporcionarte. Al acabar, dale la vuelta y rellena la bolsa con las hierbas elegidas. También puedes introducir piedras, cristales, runas, afirmaciones o imágenes que sean apropiadas para tu propósito.

Luego cose el lado abierto de la bolsa y, si lo deseas, puedes agregarle una cinta para colgarla del cuello.

A continuación te hago algunas sugerencias:

PARA EL CORAJE: hierba de San Juan y ajo, y las piedras ojo de tigre y aguamarina en una bolsa de color amarillo.

PARA LA ABUNDANCIA: caléndula, cincoenrama y madreselva, y las piedras jade y citrino en una bolsa de color rojo.

PARA EL AMOR: mirto, muérdago, melisa, sangre de dragón y comino, y las piedras cuarzo rosado y cornalina en una bolsa de color rosa o verde.

PARA LA MAGIA: milenrama, ajenjo, abrótano, lavanda, beleño y eléboro, y las piedras ópalo, lapislázuli y calcita en una bolsa de color púrpura.

FESTIVIDADES PAGANAS

· ·

CUANDO VEMOS PALABRAS COMO BELTANE O SAMHAIN, Y SABEMOS que somos incapaces de pronunciarlas correctamente, también entendemos que quieren decir algo específico, pero ignoramos qué es. Y, por supuesto, sentimos curiosidad por estas festividades que han sido celebradas durante siglos y se han transformado en festividades contemporáneas más aceptables, como por ejemplo Navidad, San Valentín o Halloween. ¿Cuál es el origen de estas festividades? ¿Consistían en orgías y en volar en escobas?

Es un hecho aceptado que las personas no volaban realmente en escobas, y lo mismo puede decirse de las orgías. Las festividades paganas o wiccanas son menos grotescas y macabras, y mucho más inspiradoras y alegres de lo que podríamos imaginar.

Hay ocho festividades paganas tradicionales y, como puedes observar, muchas de ellas coinciden con algunas de las fiestas celebradas por las religiones y las corrientes espirituales más tradicionales. Estas festividades también se celebran cuando tienen lugar eventos de la Tierra, como pueden ser el solsticio de invierno o la alineación de nuestro planeta con determinadas constelaciones o con otros planetas del sistema solar, y casi siempre están asociadas con las cosechas anuales. Por esa razón, las fechas de las festividades paganas no suelen ser fijas, como sucede cuando la noche más larga del año es la del 22 de diciembre, y no la del 21. Nuestro calendario no es tan preciso, de manera que en algunas ocasiones tenemos que ser un poco flexibles. El año pagano comienza el 31 de octubre y acaba el 30 de octubre del año siguiente, y un día comienza al anochecer del día anterior. Samhain, el inicio del Año Nuevo, empieza con la puesta de sol del 30 de octubre.

Cada una de estas festividades, también conocidas como *sabbats*, se celebran con el fin de honrar una determinada época del año, como puede ser la de la cosecha o la primavera, o para honrar a un dios o diosa particular, como Brighid,* Lugh** o el Hombre Verde.*** También son épocas de reflexión, en las que una bruja puede mirar en su interior y ver cómo podía haber hecho las cosas de otro modo durante el año que ha pasado y cómo podría continuar evolucionando y avanzar con amor y con pasos ligeros a lo largo de su vida.

Tu celebración puede ser tan simple o tan elaborada como desees. Puede ser tan divertida y grandiosa como preparar una

---

*   N. de la T.: Brighid era una de las diosas de mayor entidad entre los celtas. Estaba asociada al sol y al fuego. Su fiesta se celebraba el 1 de febrero, cuando los celtas festejaban Imbolc, el comienzo de la primavera, motivo por el cual también se la asociaba con la fertilidad tanto de los campos como de los animales y los seres humanos.

**   N. de la T.: Lug, Lugh o Lugus es una de las más destacadas divinidades de la mitología celta. Era maestro de todas las artes y habilidades.

***   N. de la T.: Para los celtas, el Hombre Verde era una deidad benéfica y de carácter alegre, vinculada al paso de las estaciones y, por extensión, a los ciclos de muerte (invierno) y resurrección (primavera). Está asociado a los árboles y a la creencia céltica de que los dioses vivían en el interior de ellos, así como a la representación tradicional del árbol de la vida.

fiesta en tu jardín en honor a Beltane y colocar un árbol de mayo,[*] flores en abundancia o pasteles de avena. También podría ser una fiesta íntima, solamente para ti; en el solsticio de verano podrías encender una vela con aroma a rosa, para expresar con gratitud la felicidad y prosperidad que has disfrutado desde el invierno.

---

[*] N. de la T.: El árbol de mayo es un árbol o más bien un tronco de árbol adornado. Este árbol es una antigua tradición que representa originalmente el símbolo de la fertilidad de la primavera.

SAMHAIN

En castellano se pronuncia 'samaín'. También es conocido como víspera del Día de Todos los Santos. Se celebra el 31 de octubre, cuando se inicia el nuevo año pagano.

Muchas culturas en todo el mundo dedican un día a honrar y celebrar la muerte. En Japón, el festival Bon, Chuseok en Corea, el Festival de las Vacas en Nepal, el Festival de los Fantasmas en China, el Día de Muertos en México, el Regreso de los Huesos en Madagascar, y la lista podría seguir y seguir. La muerte es una parte inseparable de la vida, y todas estas culturas han llegado a comprender lo útil que es convertir en celebración y juego algo que puede producir miedo e incluso espanto.

En Samhain, las leyes del espacio y el tiempo son un poco más débiles, y el velo que se interpone entre este mundo y el del más allá es más fino. No solamente es más fácil comunicarse con los muertos durante Samhain, también lo es hacer cualquier cosa que normalmente se considera imposible.

Como es evidente, esto puede ser un poco peligroso. En nuestras celebraciones de la muerte, siempre hay un elemento espeluznante, una amenaza potencial. Es una buena idea tomar más precauciones en Samhain. Si vas a salir por la noche (como hacemos la mayoría) te aconsejo llevar un grisgrís de protección (ver la página 85) y colocar un poco de mandrágora o de espino en las puertas y ventanas de tu casa.

COLORES: negro, naranja, blanco y plateado.

PIEDRAS: obsidiana, azabache y hematita.

HIERBAS: belladona, mandrágora, salvia, abrótano y hierba gatera.

FORMAS DE CELEBRARLO:

- Dejar ofrendas de comida en los altares y también en los umbrales de las puertas para las almas que están vagando.

- Encender una vela en la ventana para invitar a los espíritus de tus seres queridos a entrar en casa. También se puede reservar un lugar en la mesa para ellos.

- Enterrar manzanas a lo largo del camino para los espíritus errantes que ya no tienen un lugar a donde ir.

- Vestirse de blanco, o como el otro sexo, para confundir a los espíritus que tengan la intención de hacerte daño.

- ¡Encender una hoguera! Escribir el propio nombre en una piedra y tirarla luego a la hoguera. Comprobar el estado de la piedra a la mañana siguiente, por su estado se puede saber cómo será el próximo año.

YULE

En castellano se pronuncia como se escribe. Es el día en el cual la parte más oscura del año delega su poder en la parte más luminosa. Coincide con el solsticio de invierno.

A partir de este momento, los días son cada vez más largos. El Rey Sol ha renacido. Es un día de celebración sencilla, el invierno declina ¡y es tiempo de festejar! Muchas de las cosas que ahora asociamos con la Navidad tienen su origen en Yule, incluyendo los árboles de Navidad, el tronco de Navidad y los cánticos (es decir, los villancicos navideños).

Obviamente, estas tradiciones eran ligeramente diferentes durante las celebraciones de Yule. Por ejemplo, jamás se cortaba un árbol de hojas perennes pues era considerado un tesoro debido a su inmortalidad; pero sí se cortaban ramas siempre verdes para decorar el interior de las casas durante las festividades. El tronco de Yule no era simplemente una pieza de decoración, se lo veneraba con mucho respeto. No era posible comprarlo, te lo regalaba un vecino o un miembro de tu familia, o lo buscabas tú mismo en el bosque. Tradicionalmente, el tronco era de fresno y de gran tamaño. Se decoraba con ramas y hojas de plantas perennes, como el acebo y la hiedra, se rociaba con sidra o cerveza (las manzanas como símbolos del sol) y se espolvoreaba con harina (que representaba la consecución de los logros, la luz y la vida) antes de prenderle fuego con un trozo del tronco del año anterior, que se guardaba exclusivamente con este propósito. El leño se mantenía ardiendo durante doce días, los doce días de la Navidad.

COLORES: rojo, verde, dorado y plateado.

PIEDRAS: rubí, granate, esmeralda y diamante.

HIERBAS: baya del arrayán, cardo mariano, hierbas siempre verdes, acebo y hiedra.

FORMAS DE CELEBRARLO:

◆ Aprender algunos cánticos tradicionales, como por ejemplo *El acebo y la hiedra*, *Esta noche de Endris* o *Villancico de Gloucestershire* y cantárselos a los árboles y campos cercanos.

◆ Decorar el hogar con acebo, hiedra y muérdago.

◆ Beber mucha sidra. Esto es tradicional.

◆ Crear algo parecido a un tronco de Yule, como por ejemplo poner velas en un tronco y encenderlas durante doce noches.

IMBOLC

En castellano se pronuncia como se escribe. También conocido como el Día de Brighid, se ha transformado en el Día de San Valentín, y se celebra alrededor del 2 de febrero.

Imbolc se traduce del gaélico como 'en el vientre de la madre' ya que es allí donde se generan las semillas del renacimiento. En esta época del año anhelamos el fin del invierno, es el momento de sacrificar los corderos, bendecir las semillas y las herramientas agrícolas y prepararse para el trabajo de la inminente primavera. La diosa Brighid es particularmente honrada en este día por ser la patrona del fuego, de la forja, de la sanación, de las comadronas y de la poesía, todas las cosas que serán necesarias durante los próximos meses.

Imbolc es una época para limpiar la casa y prepararse para el invierno. Es el momento de ponerse a trabajar.

COLORES: blanco, rosa, rojo y amarillo.

PIEDRAS: amatista, piedra de sangre y granate.

HIERBAS: angélica, albahaca, laurel y tanaceto.

FORMAS DE CELEBRARLO:

◆ Salir a dar un paseo por el bosque, salir a recoger azafrán o salir a la naturaleza a observar otras señales de la primavera.

◆ Confeccionar una *Brideo'gas* (muñeca de maíz) o una pequeña muñeca para honrar a Brighid. Se elabora con paja y se decora con cintas o blondas. Atarla a una vara de bellotas y dejarla en el fuego durante toda la noche. Al día siguiente examinar la ceniza para ver si la vara dejó alguna marca; si así fuera, esta será una buena estación.

◆ Confeccionar una cruz de Santa Brígida[*] de paja, para usarla como protección.

---

[*] N. de la T.: La cruz de Santa Brígida (Brighid) es una pequeña cruz tejida generalmente de juncos. Normalmente tiene cuatro brazos atados en los extremos y un cuadrado tejido en el centro

◆ Llevar una corona de luces, o encender velas en toda la casa, para dar la bienvenida al calor que llega al hogar.

OSTARA

En castellano se pronuncia como se escribe. Se celebra el equilibrio entre el día y la noche a mediados de primavera. Consagrada a Eostre,* la diosa lunar de la fertilidad. Coincide con el equinoccio de primavera.

Eostre no es la única deidad que se honra en Ostara, pero es la que ha tenido más influencia en nuestra cultura. Los huevos y los conejos son sus símbolos…, de manera que de allí procede la tradición del conejo de Pascua que trae canastas llenas de huevos de colores y dulces a los hogares de los niños. Eostre se encuentra también en la raíz etimológica de la palabra *estrógeno*, y es una bonita imagen para una hormona que de vez en cuando puede resultar un poco molesta.

Ostara honra además al Hombre Verde, esa misteriosa figura presente en tantas culturas diferentes de todo el mundo, que se remonta a miles de años atrás. Todos los años, el Hombre Verde muere y renace, simbolizando el renacimiento que

---

* N. de la T.: Eostre es el nombre en inglés antiguo de Ostara, una antigua divinidad germánica de la primavera.

experimentamos cada primavera. Pero, más que nada, Ostara significa nacimiento, germinación y crecimiento. En esta época comienza la primavera, que se hace evidente a través de las hojas que empiezan a verdear y de los delicados aromas que nos rodean.

COLORES: verde y amarillo.

PIEDRAS: jaspe y esmeralda.

HIERBAS: las flores que abren a principios de primavera.

FORMA DE CELEBRARLO:

- Colorear huevos es típico en las celebraciones de Ostara.
- Pasar el día trabajando en el jardín; en caso de no tenerlo se puede ir al parque del vecindario.
- Dar un largo paseo por el bosque observando cómo renace la vida.
- Confeccionar un hombre verde con cabeza de paja o comprar una gomaespuma y envolverla con plantas.

BELTANE

En castellano se pronuncia como se escribe. También conocida como Roodmas, o Walpurgisnacht, es la festividad del 1 de mayo.

Ostara se refiere parcialmente a la fertilidad, pero Beltane se asocia completamente con ella. Si en las festividades paganas había orgías, lo más seguro es que tuvieran lugar en Beltane. Las jóvenes parejas podían pasar una noche en el bosque, como los típicos personajes shakesperianos; y las parejas que llevaran casadas un año y un día podían, si así lo quisieran, quitarse sus anillos de boda y despojarse de todas las restricciones que dichos anillos imponen.

Beltane marca el retorno de la vitalidad, de la pasión. Es la celebración de la vida. Es sensual, aunque inocente en su sensualidad. En el tiempo de Beltane no hay vergüenza, miedo ni severidad, únicamente júbilo y placer.

COLORES: azul, verde y púrpura.

PIEDRAS: amatista, zafiro y peridoto.

HIERBAS: manzanilla, ajenjo y lavanda.

FORMAS DE CELEBRARLO:

- Levantarse pronto por la mañana y recoger flores. Colocarlas entre los cabellos como adorno.
- Rodar sobre la hierba con la persona que amas y rodar colina abajo como un niño pequeño.
- ¡Bailar alrededor de un palo de mayo! Es divertido, ¡aunque más duro de lo que parece!
- Recoger agua del campo (puede ser rocío o agua dulce de un arroyo) y mojarse la cara con ella.
- Encender una pequeña hoguera y saltar sobre ella de la mano de la persona amada.

LITHA

En castellano se pronuncia 'lita'. También conocida como la víspera de la noche de San Juan, se celebra en el solsticio de verano, alrededor del 21 de junio.

Esta es otra noche de celebración, pero es más sombría que Beltane. Igual que sucede en Samhain, el velo entre este mundo y el siguiente es bastante delgado durante Litha, razón por la cual es preciso tomar precauciones. Es una noche para celebrar la llegada del sol y de la luz, de modo que la tradición es encender hogueras y arrojar a las llamas guirnaldas de hierbas, en honor al Dios Sol y a la Reina Mab.* Esta es una noche importante para las hadas.

Como esta es la noche más corta de todo el año, es un buen momento para mantenerse despierto y esperar la salida del sol.

---

* N. de la T.: En el folclore inglés, la Reina Mab es un hada.

Si eres constante, conseguirás el poder y el control de la magia…
pero debes saber que también te arriesgas a volverte loco o a que
te lleven las hadas.

COLORES: amarillo, verde y dorado.

PIEDRAS: esmeralda y oro.

HIERBAS: abrótano, verbena, manzanilla, milenrama, lavanda y
tomillo.

FORMAS DE CELEBRARLO:

- Encender una hoguera y saltar por encima de ella; el
  salto más alto determinará la altura de los propios culti-
  vos en el curso de ese año.
- Crear una guirnalda de flores para echar al fuego.
- Cosechar la hierba de San Juan y decorar la casa con
  ella, combinándola con ruda, trébol, rosas y verbena.
- Dormir con cualquiera de las hierbas mencionadas bajo
  la almohada para fomentar los buenos sueños.
- Mantenerse despierto toda la noche o levantarse muy
  pronto para ver la salida del sol.

LAMMAS

En castellano se pronuncia 'lamas'. También es cono-
cida como Lughnasadh, y se celebra entre el 1 y el 2 de
agosto.

Lammas tiene lugar el día de la primera cosecha del año, es decir, justamente en la época que se abre el mercado de frutas y verduras de los agricultores de tu comarca. Es un signo de que los cálidos días del verano están llegando a su fin, y finalmente ha llegado la recompensa por haber trabajado muy duro todo el año.

Lammas se traduce como 'masa de panecillo': tradicionalmente se colocaban hogazas de pan en los altares para honrar al Hombre Verde, al Rey Sol (llamado Lugh en gaélico) o al Dios cristiano, dependiendo de quién estuviera haciendo la celebración.

Para Lugh el día tiene una importancia particular. Los juegos fúnebres* se celebraban en su honor, aunque en realidad no

---

* N. de la T.: En la Antigüedad, los juegos fúnebres formaban parte de los funerales.

se trataba de su funeral, sino el de su madre adoptiva, Tailte, de quien se dice que murió de agotamiento después de limpiar los campos de Irlanda para dedicarlos a la agricultura. Los juegos de Lammas eran concursos de fuerza y destreza.

Esta era una época para los matrimonios de prueba; Los matrimonios tailteanos eran matrimonios concertados que se establecían con un periodo provisional de un año y un día. Si el matrimonio era satisfactorio, se mantenía; de lo contrario, se disolvía en las colinas de la Separación (colinas reales que se encuentran cerca de donde se celebraban los juegos tradicionales) como si nunca hubiera existido.

COLORES: naranja, amarillo, marrón y verde.

PIEDRAS: cornalina y esmeralda.

HIERBAS: lúpulo, manzanas y cereales.

FORMAS DE CELEBRARLO:

- Hornear una hogaza de pan y hacer una ofrenda para la persona elegida.
- ¡Hacer una fiesta e incluir algunos juegos!
- Confeccionar una muñeca con maíz y colgarla dentro de casa hasta la siguiente cosecha, donde se la debería plantar para que vuelva a crecer.
- Considerar la posibilidad de dar un paso importante en una relación o aprovechar el día de Lammas para reflexionar sobre el estado de nuestras relaciones afectivas.

MABON

En castellano se pronuncia como se escribe. También conocido como Alban Elfed, o Meán Fómhair, se celebra en el equinoccio de otoño, es decir, alrededor del 21 de septiembre.

Mabon es el dios galés de las cosechas, una especie de versión masculina de Perséfone. Su festividad celebra la segunda cosecha, pero igual que Samhain, no se refiere tanto a la alegría y la consecución de objetivos como a la reflexión. En el equinoccio de otoño las horas de luz son iguales a las horas de oscuridad. Por tanto, Mabon indica buscar el equilibrio y también respetar los aspectos oscuros de la vida, puesto que la mayoría de las festividades consisten en celebrar y honrar al sol. También es un momento idóneo para agradecer todo lo que se ha recibido a lo largo del año y reflexionar sobre eso.

Los escoceses se refieren a la última cosecha como «la doncella», y debe ser segada por la mujer más joven. Los granos maduros se traían del campo y se almacenaban en Mabon, y se abrían los toneles donde estaban fermentando los vinos y la cerveza desde el tiempo de Lammas. Y esto, evidentemente, requería celebrar una fiesta.

COLORES: rojo, naranja, marrón y dorado.

PIEDRAS: zafiro, lapislázuli y ágata amarilla.

HIERBAS: caléndula, algodoncillo, salvia, sello de salomón y cardo mariano.

FORMAS DE CELEBRARLO:

- Pasar la mañana en silenciosa reflexión. Reconocer la oscuridad que hay en nuestro interior, honrándola y permitiéndole sentarse a nuestra mesa interior.
- Escribir una lista de gratitud.
- Contar historias de muerte y renacimiento, como por ejemplo los cuentos de Odín, Perséfone, Mabon, Osiris, Mitra, Dionisio y, por supuesto, Jesucristo.
- ¡Celebrar una fiesta! Mabon era tradicionalmente un gran día de fiesta, donde corrían el vino, el aguamiel y la cerveza. Es preciso ofrecer a la oscuridad el lugar que le corresponde, pero sin olvidar que también hay que celebrar la luz.

MAGIA BLANCA

· ·

PARA SER SINCERA, LA MAGIA «BLANCA» NO EXISTE. LA MAGIA ES
simplemente magia, no tiene color. Como hemos visto una y otra
vez, siempre se trata de la intención. Hechizos de amor, hechizos
de protección, hechizos para conocer la verdad, hechizos para
invocar, todos ellos podrían considerarse magia «blanca». Pero
si los haces con la intención de causar daño, entonces el mismo
hechizo se convierte en magia oscura.

Esto nos lleva directamente a una pregunta muy evidente:
¿cómo se prepara un hechizo?

Hablando en términos generales, preparar un hechizo se
parece bastante a lo que sucede en las películas. Utiliza hierbas,
piedras o cristales con el fin de mejorar o acrecentar algo, mientras recitas una frase. Si lo deseas, puedes sentarte dentro de un
pentagrama* con las velas colocadas sobre las puntas de la estrella. Los pentagramas han sido asociados con la magia oscura y
maligna aunque, en realidad, no tienen ningún vínculo con ella.
El pentagrama es sencillamente una pura forma matemática, y
los wiccanos creen que puede servir de ayuda para concentrarse

---

* N. de la T.: Una estrella pentagonal, también llamada pentagrama, pentáculo,
pentalfa, pentángulo o estrella pitagórica, es un polígono estrellado de cinco
vértices dibujado con cinco segmentos de recta consecutivos, de tal forma que
cada uno corta a otros dos. Es una estrella de cinco puntas rodeada por un
círculo, un símbolo utilizado por las brujas en muchos rituales y hechizos.

en el poder. En verdad, de lo que se trata es de lo que a ti te parezca beneficioso y adecuado.

¿Funcionará?

Tú eres la única persona que puede decidirlo. Evidentemente, no va a funcionar si tú no confías en que así será. También puede haber otros factores que impidan que tu hechizo sea efectivo. Por ejemplo, hay ciertas horas del día que son más potentes que otras (el amanecer o la puesta de sol, el crepúsculo, la medianoche) y hay determinados momentos del mes que son más propicios (luna nueva, luna llena, etc.). Si te encuentras cansado, o te sientes incapaz de concentrar tu energía tan intensamente como sabes que eres capaz de hacer, tu hechizo será menos eficaz.

De cualquier manera, independientemente de lo que hagas, recuerda la regla de tres: todo lo que envíes al mundo volverá a ti multiplicado por tres.

LAS PARTES DE UN HECHIZO

A continuación compartiré contigo algunas cosas que sería conveniente que tuvieras en cuenta si tienes la intención de preparar un hechizo.

PURIFICACIÓN ◆ Prepara un baño depurativo usando hierbas como betónica, cincoenrama o hisopo para que floten en el agua. Vístete de la manera que consideres más adecuada; si una túnica larga de estilo medieval te ayuda a prepararte mentalmente para hacer el hechizo, no dudes en utilizarla. Sin embargo, una camiseta y unos vaqueros pueden resultar igual de apropiados para la ocasión; todo depende de la imagen de bruja que visualices. Medita para aclarar tu mente y también tu cuerpo.

CREACIÓN DE UN ESPACIO RITUAL ◆ Un pentagrama y un círculo de sal son espacios rituales. Si no quieres crear un círculo físico, puedes crear uno psíquico andando en círculo por la habitación con un haz de incienso de verbena en la mano o colocando cuarzo transparente alrededor del espacio. Sería genial que pudieras hacer el hechizo en el exterior, pero si esto no fuera posible puedes abrir las ventanas para que entre el aire.

PROTECCIÓN ◆ Atraer y desbloquear el poder puede provocar atención negativa. Debes protegerte de los espíritus u otras energías dañinas con mandrágora, acebo, espino, ajo o betónica. Antes de hacer el hechizo puedes beber un té, o simplemente tener un poco de té cerca de ti como un elemento más de tu espacio ritual.

INVOCACIÓN ◆ Si lo deseas, puedes invocar los poderes de alguien o algo. Puede ser Hécate, la diosa de la brujería, o simplemente el espíritu o el universo. Puedes hacerlo a través de bailes, cánticos o simplemente diciendo una oración en voz alta o repitiéndola mentalmente.

EJECUCIÓN ◆ Puedes recitar una frase especial (ver las páginas 112 y siguientes) o simplemente manifestar lo que tú quieres que suceda. Las palabras solo tienen el poder que tú les otorgues, pero a veces decir frases ritualistas puede ayudarte a que te sientas más poderoso, como también ocurre cuando te vistes de la forma adecuada. De este modo, *eres* más poderoso.
Utiliza todo lo que tengas a tu alcance para aumentar el poder de tu hechizo. Si estás haciendo un hechizo de amor, organiza un círculo o un pentagrama con cuarzo rosado y quema un haz de incienso de mirto. O simplemente sujeta con firmeza un grisgrís mientras recitas.

Muchos hechizos terminan por la frase *que así sea* o *así debe ser*. La frase tiene su origen en los francmasones, pero ha llegado a utilizarse con frecuencia en la comunidad wiccana.

AGRADECIMIENTO ◆ Si has pedido la ayuda de lo Divino, no te olvides de manifestar tu gratitud. Puedes hacerlo a través de una ofrenda o simplemente inclinando la cabeza, lo que te parezca mejor.

CIERRE DEL CÍRCULO ◆ Es importante *acabar* los hechizos, y cerrar el círculo indica que el hechizo ha terminado. Si has generado un círculo psíquico, toma tu haz de incienso de verbena y camina en la dirección opuesta. Si has utilizado velas para crear un pentagrama, apágalas y expresa tu gratitud frente a cada una de ellas. Si has usado piedras, recógelas una por una, manifestando tu agradecimiento.

HECHIZOS BÁSICOS

A continuación te daré algunas sugerencias para realizar un hechizo. Lo primero que hay que hacer es crear un espacio ritual y realizar las invocaciones. Luego llega el momento de expresar gratitud y cerrar el círculo.

Hechizo para conocer la verdad

✦

Si necesitas conocer una verdad específica, escribe tu pregunta en un papel. Utiliza un haz de incienso de pimpinela y muévelo de lado a lado frente a tu rostro. Luego colócalo en un cuenco para que  arda suavemente y emplea las manos para dispersar el humo a tu alrededor. Enciende una vela y utiliza el cuenco donde está el incienso para quemar el papel que has usado hasta que se convierta en cenizas. Toma una piedra de ojo de tigre y sujétala con una de tus manos en medio del humo. Concéntrate en la piedra y recita el siguiente encantamiento o cualquier otro que tú mismo elijas.

Deja que la verdad se revele.
Aleja todo engaño.
Que nada quede oculto.
Que así sea.

Hechizo de sanación

✦

Utiliza un haz de incienso de salvia o ajo y coloca una turquesa, un granate y un cuarzo transparente en un altar o sujeta las piedras entre tus manos. Concéntrate en quien necesita la sanación, independientemente de que seas tú u otra persona, y dirige tus energías hacia la lesión o enfermedad. Si el que requiere la sanación eres tú, coloca una de las piedras, o todas ellas, sobre la zona de tu cuerpo donde se encuentra la lesión o enfermedad. Si se trata de curar a otra persona que está presente, apoya las piedras sobre su cuerpo. Coloca tu mano sobre la zona específica a la que está destinado el hechizo y visualiza una luz blanca y percibe la energía que fluye de tu mano. Recita el siguiente encantamiento:

Que este dolor se diluya.
Que fluya mi poder.
Que esta enfermedad desaparezca.
Que así sea.

Hechizo de protección

✦

Prepara un haz de incienso con una combinación de mandrágora, ajo, cincoenrama y betónica. Utiliza cuarzo ahumado, obsidiana, hematita y pirita. Más allá de si quien necesita protección contra algo específico eres tú o alguna otra persona, haz una muñeca o un símbolo que represente esa amenaza y rodéalo con tus piedras y hierbas. Si el hechizo que estás preparando es de protección general, limítate a utilizar el haz de incienso como lo harías normalmente y sujeta las piedras entre tus manos. Levanta un muro mental a tu alrededor, o alrededor de la persona que deseas proteger. Visualiza intensamente esa imagen y recita el siguiente encantamiento:

Que no acaezca ningún mal.
Frente a cualquier amenaza, sé fuerte.
Que (NOMBRE) esté a salvo detrás de mi muro.
Que así sea.

Hechizo de abundancia

✦

Utiliza una combinación de verbena, tomillo, madreselva y caléndula para preparar un haz de incienso. Enciende una vela para iluminar una imagen de lo que aspiras a tener, ya sea dinero, un coche nuevo, otro trabajo o cualquier otra cosa que estés deseando que llegue a tu vida. Sujeta entre tus manos un citrino y un jade o colócalos frente a la imagen. Cierra los ojos y visualiza que esa imagen es real. Recita el siguiente encantamiento:

Que la abundancia llegue a mí.
Que mis sueños fluyan.
Que pueda dar más de lo que recibo.
Que así sea.

Hechizo de convocación

Antes de comenzar, asegúrate de colocar una protección extra dentro de tu círculo. Prepara un haz de incienso que contenga aquilea, abrótano, helenio y belladona, dependiendo de qué o a quién se desee convocar. Sujeta entre tus manos un lapizlázuli y una calcita. Enciende una vela para que el espíritu pueda encontrar su camino. Si estás intentando convocar a alguien específico, debes tener su imagen presente o algún objeto que lo represente. Recita el siguiente encantamiento:

Que mi luz te traiga hasta mí.
Sigue mi voz, ven hacia mí.
(NOMBRE), te pido que vengas a mí.
Que así sea.

Hechizo para alejar algo o a alguien

✦

Si has convocado algo o a alguien sin tener la intención de hacerlo, o si sospechas que has atraído energías negativas, prepara un pequeño haz de incienso combinando ajenjo, hierba de San Juan, hisopo, eléboro y ajo. Para hacer este hechizo puede ser muy útil recurrir a las piedras obsidiana y hematita. Enciende una vela y recita el siguiente encantamiento. Apaga la vela cuando hayas terminado:

Que esta visita llegue a su fin.
Márchate, y ya no vuelvas a seguirme.
Que mi espíritu se sane.
Que así sea.

Hechizo para la autoconfianza

✦

Comienza escribiendo una afirmación en un pequeño papel. Tu afirmación puede ser lo que tú desees, cualquier cosa que quieras celebrar íntimamente en ese momento o cualquier cosa que necesites como ayuda para la celebración. Prepara un haz de incienso con una combinación de tomillo, salvia, mandrágora, lavanda y trébol. Enciende una vela y coloca una aguamarina, una azurita, una piedra de la luna, un citrino y una obsidiana a su alrededor. Prende fuego al papel que contiene tu afirmación y colócalo en el cuenco donde está ardiendo el incienso. Recita el siguiente encantamiento:

Deja que brille mi verdadero ser.
Yo ya soy todo lo que necesito ser.
Hazme saber que esto es verdad.
Que así sea.

Hechizo de amor

En primer lugar debes reflexionar sobre qué tipo de hechizo de amor quieres hacer. ¿Es un hechizo de amor general para atraer más amor a tu vida? ¿Esperas atraer o confirmar el afecto de una persona en particular? Si se trata de alguien específico, escribe su nombre en un papel. Prepara un haz de incienso con una combinación de mirto, muérdago, madreselva, sangre de dragón y comino. Si tu intención es atraer a una persona en especial, quizás desees añadir salvia, mandrágora o melisa. Si estás preparando un hechizo para mejorar tu relación de pareja, considera la posibilidad de utilizar también un poco de espino. Enciende una vela y coloca cuarzo rosado, cuarzo ahumado, jade y cornalina en torno a ella. Si te apetece puedes colocar pétalos de rosa a tu alrededor. Si has escrito el nombre de una persona en el papel, préndele fuego y colócalo en el cuenco donde está ardiendo el incienso. Recita el siguiente encantamiento:

Déjame abrirme al amor que está aquí.
Hay tantas cosas que no soy capaz de ver...
Acércame a (NOMBRE o LA PERSONA QUE AMO).
Que así sea.

TERCERA PARTE

CLARIVIDENCIA OCASIONAL

Tarot, astrología, quiromancia, sueños... Deja que lo desconocido te guíe y aprende a interpretar los mensajes que llegan del interior y del exterior

EL TAROT

EL TAROT PUEDE DECIRNOS UNA VERDAD GENERAL, O UNA VERDAD que se acerque aterradoramente a nuestra realidad. No hay razón para pensar que el tarot funciona, después de todo no es más que un mazo de cartas con hermosos dibujos. Sin embargo, de alguna manera cada lectura tiene algo certero que decir, algo que te lleva a asentir con la cabeza, sonriendo porque lo reconoces como una verdad. Es bastante frecuente que una tirada de tarot te deje una sensación de alivio, una corroboración de que algo que tú creías que estaba ocurriendo estaba pasando en realidad. Las cartas del tarot te dicen lo que tú esperas, piensas o temes, y luego te ofrecen un consejo: ¿qué quieres hacer? ¿Qué debes hacer? ¿Cómo se resolverá todo?

Las primeras cartas de tarot surgieron a mediados del siglo XV, y se utilizaron originariamente como un juego de naipes. No fue hasta la última parte del siglo XVIII cuando el tarot comenzó a emplearse para la adivinación; antes de eso, los videntes o adivinos usaban cartas más simples con significados menos precisos. Igual que nuestros mazos de naipes actuales, las cartas del tarot tienen cuatro palos: copas, oros o pentáculos,* espadas y

---

* N. de la T.: Un pentáculo es una placa de metal grabada con símbolos mágicos que funciona como un amuleto contra enfermedades provocadas por malas influencias astrales.

bastos. Las copas representan las relaciones; los oros, el trabajo y el dinero; las espadas tratan de los conflictos, y los bastos se refieren a la magia y la creatividad. Se enumeran del as al diez, y las cartas con personajes incluyen la sota o el paje, el caballero, la reina y el rey. A todos ellos se los conoce como Arcanos Menores.

Un mazo de tarot tiene veintidós cartas adicionales, conocidas como los Arcanos Mayores. Se mueven en un ciclo, que comienza con el Loco, pasa por la Muerte y la Torre (cuyos significados no tienen nada que ver con lo que puedas imaginar) y terminan con el Mundo, la carta de la realización.

Lo maravilloso del tarot es que cualquier persona puede hacer una lectura porque todo se basa en la intención. Las cartas no pueden decirte nada que tú no sepas, porque eres tú quien les das tu energía, y ellas reflejan simplemente lo que tú piensas. Si formulas una pregunta, las cartas confirmarán lo que tú ya sabes que es cierto, más allá de que quieras o no admitirlo. Recuerda que no son más que unos trozos de papel con dibujos: su poder procede de lo que tú les otorgas.

Puede parecer que aprender el tarot requiere mucha memorización: cada mazo viene acompañado de un librillo que explica el significado de cada una de las cartas, y eso puede resultar muy útil. Sin embargo, mientras lo practicas y te familiarizas con las cartas y con la forma en que te hablan, descubrirás que cada una de ellas tiene un significado específico y ligeramente diferente que solo tú puedes interpretar. Digamos, por ejemplo, que la persona que te está leyendo el tarot es madre, y asocia la carta del Loco con su hijo o hija. Si saca esa carta, no la interpretará con el sentido de que eres imbécil. Como el mazo de cartas le pertenece y dado que es ella quien está haciendo la lectura, en este caso la carta del Loco significa inocencia y posibilidades.

Para que la lectura sea tan potente como puede llegar a serlo, necesitas un mazo que te sugiera asociaciones específicas. El tema es que cuando vas a elegir un mazo de tarot, las opciones son tan amplias que puede resultar difícil dar con el más adecuado. Los más comunes son los mazos tradicionales de Rider-White y Aleister Crowley Thoth, pero eso no quiere decir que sean los más convenientes para ti. Elige un mazo que te resulte atractivo, que sea evocador, que te invite a hacer una lectura. Un mazo de tarot que te guste es aquel que te responde, que te habla.

Interpretar el tarot requiere que el conocimiento y la intuición estén equilibrados; los arquetipos de cada carta ofrecen datos sobre la historia y la base de tu lectura, pero tú puedes ir más allá. Presta atención a tu instinto, y descubrirás que puedes aprender y ver muchas cosas más.

LOS PALOS

Copas

✳

Las copas representan las relaciones y la forma en que nuestras emociones intervienen en nuestra manera de relacionarnos, o no relacionarnos, con las personas que nos rodean. Cuando ves una tirada en la que dominan las copas, eso indica que obviamente algo está sucediendo en alguna de tus principales relaciones afectivas; también es una señal de que actúas guiado por las emociones, más que por la lógica o el pensamiento.

Esto de ninguna manera es necesariamente negativo; recuerda que no hay «cartas malas». Sin embargo, puede tener un aspecto negativo. Si solo te dejas llevar por tus emociones, la razón queda excluida, y esto puede dar lugar a expectativas que no son realistas o a una conducta demasiado centrada en ti mismo.

El elemento de las copas es el agua, y tu forma de interpretarlas indicará tu nivel de comprensión de las cartas. ¿Las copas nos representan a nosotros mismos y el agua lo que nos ofrecen nuestras relaciones con los demás? ¿O acaso tú entiendes el simbolismo de una forma diferente?

Pentáculos

✦

El palo de pentáculos, también conocidos como oros, monedas o discos, representa el trabajo y la prosperidad.
Tu forma de definir el trabajo depende
de la persona a la que dedicas la lectura. Podría tratarse de un trabajo, pero
también de las tareas del hogar, de la

actividad que realizamos en nuestra casa, de nuestra forma de
mantener nuestras relaciones familiares y sociales. Todo depende del contexto pero, en términos generales, los oros se refieren
al trabajo remunerado.

Los pentáculos se centran en lo que sucede en el exterior,
por eso también pueden reflejar nuestra relación con el mundo
que está más allá de nuestro círculo interior. Por lo tanto, se refieren a lo que está fuera del grupo que representan las copas.

El elemento de los pentáculos es la tierra, razón por la cual
es un palo muy *práctico*, lo que podría parecer raro en el tarot. Sin
embargo, es reconfortante comprobar que el tarot trata la mayoría de nuestras necesidades básicas y objetivos con el mismo respeto que otorga a la creatividad y a nuestras relaciones afectivas.
El lado negativo de estar demasiado centrado en los pentáculos
resulta evidente: ser codicioso y perder la perspectiva de lo que
es realmente importante.

Espadas

En algún momento de la vida de cualquier persona puede aparecer una tirada que consista casi íntegramente en espadas. Todos tenemos conflictos. Todos tenemos batallas que librar.

Las espadas no tienen un significado literal, aluden a la agudeza de la lógica y el intelecto. Algunas veces nuestra mente está en guerra con nuestro corazón, y en otras ocasiones nuestro corazón está en peligro debido a la dominancia de una lógica dura y fría, o al revés.

El elemento de las espadas es el aire, quizás porque las batallas libradas con espadas se ven bien desde arriba, donde el aire es frío y ligero y todo parece estar en blanco y negro. Una vez más, debemos decir que no hay cartas «malas», y que una tirada como esta no es necesariamente «mala». Ver las cosas con claridad no es algo negativo; aunque la lógica y la justicia pueden hacer daño, ambas son necesarias. Para decirlo de algún modo, las espadas te mantendrán en el buen camino. Normalmente, esto es algo positivo.

Bastos

✳

El elemento de los bastos es el fuego. Esto puede parecer contradictorio para un palo vinculado con la creatividad, hasta que se analiza más detenidamente. El fuego, en forma de lava, es creación *literal*: la tierra se crea cuando la lava llega al mar. Sin embargo, la creatividad puede ser también una fuerza destructiva, como por ejemplo un incendio forestal incontrolable. Consideremos la cita de J. Robert Oppenheimer en referencia al *Bhagavad Gita*: «Ahora me transformo en la muerte, la destructora de los mundos».

No obstante, generalmente pensamos en los bastos como la chispa, el momento mágico de los inicios, y no como conflagración. Los bastos se refieren a tu creatividad y a la forma en que sacas a la luz tu verdadero ser. Una tirada en la que dominan los bastos apunta a que es hora de perseguir ese sueño creativo que aún no has cumplido. Y eso no necesariamente significa asistir a clases de pintura o escribir una novela, ¡aunque tal vez podría indicar precisamente eso! También podría referirse a poner en marcha tu propio negocio, asumir un riesgo o incluso tener un hijo. Lo importante aquí es mostrar al mundo tu auténtico ser.

LOS ARCANOS MAYORES

⓪ EL LOCO: *idealismo infantil, inocencia, estupidez cegadora.* El Loco está a punto de emprender un viaje y tiene un potencial ilimitado. Si aparece en tu tirada, considera que estás ante el inicio de algo nuevo. Debes ser espontaneo y aceptar la «locura» que hay en ti.

① EL MAGO: *maestría, magia, poder.* El Mago puede hacer cualquier cosa, y no dudará en hacerlo. Es una carta de acción y de habilidades. Puedes conseguir todo lo que desees.

② LA SACERDOTISA: *lo inconsciente, soñar, misticismo.* La Sacerdotisa está en el polo opuesto del Mago y lo complementa. Mientras que él avanza con la razón, ella da un paso atrás para dejar que hable la intuición. Debes prestar atención al espacio que hay entre ellos.

③ LA EMPERATRIZ: *Madre Tierra, creación, fertilidad.* La Emperatriz es muy sensual y afectiva. Te dice que nutras a los demás y te nutras a ti mismo, particularmente a través de la naturaleza.

④ EL EMPERADOR: *tradición, autoridad, reglas.* El Emperador es una figura parental en un sentido rígido y tradicional; es el padre que gana el sustento y el que impone castigos cuando están justificados. Si el Emperador aparece en una tirada, las reglas y las normativas son fundamentales porque pueden aportarnos el orden que necesitamos.

⑤ **EL HIEROFANTE:** *creencia, aprendizaje, conformidad*. El Hierofante cree en la educación, pero únicamente a través de hechos establecidos y ampliamente aceptados. Con frecuencia representa a la Iglesia, pero también puede aludir a cualquier grupo cuyas normas se espera que acates.

⑥ **LOS ENAMORADOS:** *dualidad, amor, armonía*. Los Enamorados a menudo representan el romanticismo, pero también pueden señalar una decisión difícil para la cual no siempre tienes claro cuál es la mejor opción, probablemente porque no deseas renunciar a nada.

⑦ **EL CARRO:** *equilibrio, autocontrol, guerra interior*. La ilustración muestra dos caballos (o esfinges, o alguna otra cosa, dependiendo del mazo de cartas que tengas) tirando del carro, y tú debes controlarlos a ambos. Si lo consigues, ganarás.

⑧ **LA FUERZA:** *resiliencia, fortaleza, autoconfianza*. Si el Carro requiere una mano dura, la Fuerza necesita un toque ligero. Llegar a ser una persona con la que los demás y tú mismo podéis contar requiere paciencia y compasión, así como también autoconfianza.

⑨ **EL ERMITAÑO:** *espiritualidad, soledad, sabiduría*. El Ermitaño se retira en su interior, a la búsqueda del conocimiento de algo *más*. Cuando esta carta aparece en una tirada, indica que es un momento de introspección. Dedica un poco de tiempo a estar solo y busca las respuestas en tu interior.

⑩ LA RUEDA DE LA FORTUNA: *cambio, destino, ciclos.* Así como las estaciones cambian, también lo hace la Rueda de la Fortuna. El cambio es lo único constante en nuestra vida, y la rueda nos dice cómo nos movemos en una dirección específica, incluso predestinada, en cada ciclo.

⑪ LA JUSTICIA: *moralidad, blanco y negro, karma.* La Justicia aparece cuando estás intentando hacer lo correcto o cuando sientes que te han engañado. En cualquiera de los dos casos, mira en tu interior para encontrar la *verdadera* justicia, que *no* es la del ojo por ojo.

⑫ EL AHORCADO: *sacrificio, autoconciencia, conocimiento.* El Ahorcado es otra unión de opuestos y requiere algo que parece imposible: que nos hagamos con el control de la situación a través de la renuncia. En realidad, únicamente cuando renunciamos a nuestros deseos facilitamos que lleguen a nuestra vida.

⑬ LA MUERTE: *cambio, transformación, finales.* Aunque la carta de la

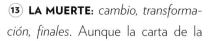

Muerte no tiene un significado literal, siempre causa temor. Esto se debe a que el cambio nos asusta. Algo está tocando a su fin, y algo nuevo está comenzando. Una puerta se cierra, pero una ventana se abre.

(14) **LA TEMPLANZA:** *moderación, compromiso, autocontrol.* Muchas cartas del tarot hablan de la actualidad, y la imagen de la Templanza representada por esta carta es la más reconfortante, aunque también un poco aburrida. Ella une fuerzas opuestas y les enseña a respetarse mutuamente (incluidas las fuerzas que hay en tu interior). Esto no es una tarea fácil, es un equilibrio que requiere trabajo duro y autocontrol.

(15) **EL DIABLO:** *autoengaño, el monstruo que habita en nuestro interior, ignorancia.* Si hubiera una «mala» carta en el tarot, esta sería la del Diablo. Sin embargo, esta carta no representa literalmente que en tu vida haya maldad sino que existe alguna situación negativa, que normalmente has creado tú mismo. El Diablo insiste en que analices profundamente tu vida para identificar qué es lo que has hecho mal.

(16) **LA TORRE:** *destrucción, traición, empezar otra vez.* La Muerte nos habla de un cambio que podemos ver venir. La Torre arde repentinamente y destruye todo aquello que creías tener claro. Podría simplemente significar una nueva perspectiva, pero también una modificación drástica de tus circunstancias vitales. En cualquier caso, la Torre te propina una buena bofetada.

(17) **LA ESTRELLA:** *esperanza, inspiración, nuevas posibilidades.* Después de la Torre, la Estrella es un bálsamo. Independientemente

de lo mal que puedan llegar a ponerse las cosas, siempre hay una salida, siempre hay esperanza. Cuando aparece la Estrella, respira profundamente y deja que la paz y la inmensidad del universo te calmen y te inspiren.

(18) LA LUNA: *ilusión, misterio, posibilidades (negativas o positivas).* El mundo se ve de un modo diferente bajo la luz de la Luna, y cuando digo diferente quiero decir que puede suscitar miedo y desorientación. Pero no necesariamente tiene que ser así. Cuando sale la Luna, todo es posible. Ábrete a la fantasía. Admite lo imposible.

(19) EL SOL: *claridad, confianza, seguridad.* Ahora hemos regresado a la luz. Bajo el sol no hay ambigüedad, y deberías disfrutar de esa certeza. El Sol te dice que eres brillante, estás lleno de energía y tienes éxito.

(20) EL JUICIO: *mirar atrás, convicción, reducción.* Podrías interpretar el Juicio bajo una luz demasiado intensa, que establece lo que es correcto y lo que es incorrecto, o podrías utilizar el *buen juicio* y meditar sobre las decisiones que has tomado sin juzgarte a ti mismo ni a los demás. Algunas veces reflexionar sobre algo que has hecho puede absolverte de cualquier culpa que puedas sentir.

(21) **EL MUNDO:** *conclusión, realización, unidad.* El Mundo completa el ciclo del tarot. Has acabado lo que has comenzado, y deberías saborear la unidad que has encontrado dentro de ti mismo. Has conseguido unir las dualidades opuestas de forma duradera, y esto ha consumado tu sanación.

TIRADA DE TRES CARTAS

Esta es la tirada más simple (a menos que hagas una tirada muy básica de una sola carta), pero ofrece mucha información de forma resumida. Pídele a la persona a la que le vas a echar las cartas que las baraje todo el tiempo que desee y que luego sostenga el mazo de cartas cerca del corazón y formule una pregunta. En algunos casos puede suceder que esa persona no quiera hacer ninguna pregunta. Si la tirada es para ti, evidentemente eres tú quien debe barajar las cartas.

Abre las cartas bocabajo en abanico sobre la mesa y colócalas en línea de manera que cada una de ellas sea visible. Si alguna carta queda un poco oculta, déjala tal cual está. Pídele a la persona que elija tres cartas, o elígela tú mismo si la tirada es personal. Siempre hay que dejar que sea la intuición la que guíe la elección de las cartas. Si la respuesta a la pregunta no te parece demasiado clara, puedes elegir una carta que haya quedado un poco oculta. Algunas veces la carta que está destinada a ti puede producirte un hormigueo en los dedos o una sensación de calor en la palma de las manos.

Pasado
✴
Mi consciente

Presente
✴
Mi subconsciente

Futuro
✴
El foco de mi atención

Coloca las tres cartas bocarriba. Léelas de izquierda a derecha –presente, pasado y futuro– tal como se hace habitualmente. Si la tirada es para ti, evidentemente ya conoces tu pasado y gran parte de tu presente. Entonces puedes preguntar a las cartas: «¿Qué es lo que me está pasando a nivel consciente?», «¿Qué es lo que me está pasando a nivel inconsciente?» y «¿En que debería concentrarme hoy?».

TIRADA GUÍA

Esta tirada es una lectura más profunda, que es muy útil cuando debes afrontar un desafío particular o tienes problemas para ver todos los aspectos de un conflicto. Una tirada guía te ayudará a analizar la situación desde una perspectiva más amplia.

Empieza barajando las cartas, y después acércalas a tu corazón mientras formulas una pregunta. Elige ocho cartas, coloca la primera sobre la mesa y las siete siguientes formando una línea por encima de la primera.

PRIMERA CARTA ◆ Representa tu preocupación fundamental, el problema que estás afrontando.

SEGUNDA CARTA ◆ ¿Cuál es tu motivación? ¿Por qué estás buscando una guía?

TERCERA CARTA ◆ Representa el o los aspectos de tu vida que te preocupan.

CUARTA CARTA ◆ Destaca elementos de tu situación actual de los que quizás no eres consciente.

QUINTA CARTA ◆ Ofrece la información que necesitas para superar tus temores.

SEXTA CARTA ◆ Te ayudará a sentirte a gusto después de liberarte de tus inquietudes.

SÉPTIMA CARTA ◆ Te aconseja cómo debes avanzar.

OCTAVA CARTA ◆ Te dice cuál será el resultado final si no te apartas del camino.

ASTROLOGÍA

ARIES, TAURO, GÉMINIS, CÁNCER, LEO, VIRGO, LIBRA, ESCORPIO, Sagitario, Acuario y Piscis. Todos conocemos nuestros signos, y podemos obtener información astrológica y consejos cada mes, cada semana o incluso diariamente. Alguna vez hemos escuchado la expresión *Mercurio retrógrado*, y sabemos que probablemente representa algo malo. Todo lo demás se lo dejamos a los profesionales, porque el tema es tan amplio que resulta bastante abrumador.

Y la verdad es que lo es. He aquí la razón por la cual durante siglos los astrólogos fueron tan apreciados por los gobernantes, que solían pedirles consejo e información. Son muchas las cosas que hay que tener en cuenta, pero no es tan complicado si lo aprendes poco a poco. La astrología trata simplemente de utilizar los movimientos de los cuerpos celestes (como los planetas y algunas constelaciones) para determinar lo que sucede aquí en la Tierra. Esta práctica existe desde hace miles de años y tuvo gran importancia en todo el mundo, aunque era diferente en las distintas culturas.

La astrología occidental toma en consideración la fecha de nacimiento y se basa en el *Tetrabiblos* de Ptolomeo, considerado el texto más importante de astrología, que a su vez se basa en la astrología de Babilonia. Algo que hay que tener en cuenta es que los ciclos y los cambios que se producen en el cielo son meros *reflejos* de los ciclos de cambios en la Tierra y en la propia vida, y *no* son su causa. Suceden de forma simultánea porque así funciona el universo, pero ninguno de ellos tiene un impacto directo sobre los demás. Sencillamente utilizamos los movimientos de las estrellas para interpretar y comprender lo que nos está pasando aquí en la Tierra.

El Zodíaco se refiere a una banda de doce constelaciones que el Sol y los planetas recorren a lo largo del año. Cada una de esas doce constelaciones corresponde a una determinada personalidad, que se traduce en las características de nuestro signo zodiacal. Cada signo está gobernado por un cuerpo celeste particular —el Sol, la Luna o uno de los planetas— y cada uno de los cuerpos celestes pasa a través de cada signo en un determinado momento del año. Los signos se organizan de acuerdo con las estaciones, y no con el año del calendario. Se inician en primavera, de manera que el orden sería: Aries, Tauro, Géminis, Cáncer, Leo, Virgo, Libra, Escorpio, Sagitario, Capricornio, Acuario, Piscis.

Los signos se dividen en cuatro categorías elementales, que son el fuego, el agua, la tierra y el aire. Aunque cada signo tiene sus propios rasgos de personalidad, también tiene muchas características comunes con otros signos de su mismo elemento. Cada signo también será generalmente compatible con aquellos con los que comparte elemento.

Para complicar un poco más las cosas, también hay doce casas, que no tienen nada que ver con los doce signos. Las casas se refieren simplemente a un área de tu vida, como puede ser la familia, el trabajo, tu identidad, etc., y están determinadas por la rotación de la Tierra alrededor de su eje. Las posiciones de cada signo y de los cuerpos celestes giran a través de las casas, de modo que en un momento determinado cada casa está gobernada por un signo y un cuerpo celeste diferente.

Bien, ¿y qué es lo que hacemos con todo esto? ¿Para qué sirve una carta astrológica?

La mayoría de las cartas astrológicas reflejan cómo estaban alineadas las estrellas el día de tu nacimiento. Una carta natal te indicará cómo será tu vida, te permitirá comprenderte mejor. Sin embargo, ocuparse de un solo día, aunque sea el más importante, no puede ofrecerte un panorama general. Por eso, hacer una carta diariamente, una vez a la semana o una vez al mes puede abrirte una perspectiva más clara y específica de lo que va a suceder en tu vida a corto plazo e indicarte cómo debes actuar.

LOS ELEMENTOS Y SUS SIGNOS

Fuego

✦

Los signos de fuego son invariablemente poderosos, están llenos de vida y energía. Son muy creativos y carismáticos. Son inspiradores, apasionados y sienten las cosas profundamente.

ARIES. Las personas nacidas bajo el signo de Aries tienen una mente ágil y son líderes natos. Activos y valientes, los nacidos bajo este signo son competitivos, eficientes y tienen mucha energía. Sin embargo, pueden ser impulsivos, impacientes y en ocasiones incluso agresivos.

Del 21 de marzo al 19 de abril ✦ **REGENTE:** Marte ✦ **MAYOR AFINIDAD** con Libra.

LEO. Las personas nacidas bajo el signo de Leo son creativas e individualistas. Apasionadas y generosas, aman la vida y les encanta resolver problemas. Pueden ser consideradas arrogantes o

histriónicas, porque siempre parecen esperar que las aplaudan. Los leo quieren ser vistos como realmente son.

Del 23 de julio al 22 de agosto ✦ **REGENTE:** Sol ✦ **MAYOR AFINIDAD** con Acuario.

SAGITARIO. Las personas nacidas bajo el signo de Sagitario quieren cambiar el mundo. Tienen una mente filosófica y profunda, pero pueden transformar rápidamente los pensamientos en acción. Son profundamente curiosas y les encanta viajar, pero pueden ser impacientes y poco diplomáticas.

Del 22 de noviembre al 21 de diciembre ✦ **REGENTE:** Júpiter ✦ **MAYOR AFINIDAD** con Géminis.

Tierra

Los signos de tierra se encargan de que las cosas se cumplan. Son responsables y se comprometen con lo que hacen. Representan el epítome de «conectados a tierra». Son leales, pacientes y trabajadores, aunque también naturalmente conservadores, no les gusta asumir riesgos. Sin embargo, son bastante ambiciosos y tienden a conseguir lo que quieren.

TAURO. Los nacidos bajo el signo de Tauro trabajan duro y les encanta disfrutar de los frutos de su trabajo, y merecidamente. Los tauro son sensuales y físicamente cariñosos, y a veces se rodean de hermosas posesiones materiales. Son obstinados, pero en el mejor sentido, y se comprometen con un proyecto o persona hasta el final. En ocasiones pueden ser sobreprotectores e intransigentes.

Del 20 de abril al 20 de mayo ✦ REGENTE: Venus ✦ MAYOR AFINIDAD con Escorpio.

VIRGO. Empáticos y perspicaces, los virgo andan con pies de plomo. Tienen una vida organizada y no dejan nada librado al azar. Son educados, se ocupan conscientemente de la salud y se sienten uno con la naturaleza. Pueden ser tímidos y excesivamente críticos, tanto consigo mismos como con los demás.

Del 23 de agosto al 22 de septiembre ✦ REGENTE: Mercurio ✦ MAYOR AFINIDAD con Piscis.

CAPRICORNIO. A menudo es considerado el signo más serio del Zodíaco. Los nacidos bajo este signo son independientes y profesionales, pero para ellos la familia es de fundamental importancia. Son muy responsables y prácticos, y tienen un excelente autocontrol. En ocasiones pueden ser un poco altivos e implacables.

Del 22 de diciembre al 19 de enero ✦ REGENTE: Saturno ✦ MAYOR AFINIDAD con Cáncer.

Aire

✦

Los signos de aire son un poco como Internet. Extremadamente inteligentes y muy competentes con la comunicación, pero a veces tan impacientes que constantemente pasan de una idea a la siguiente, y luego a otra más, ansiosos por obtener más información. Son sociales y conversadores, pero por encima de todo aprecian la verdad y el realismo. Dicha combinación les permite ver las dos caras de un conflicto de una forma equilibrada.

GÉMINIS. Los nacidos bajo el signo de Géminis pueden resultar un poco desconcertantes, ya que a veces son muy divertidos y sociables, pero en otras ocasiones pueden ser impacientes, introspectivos e indecisos. Los géminis son excelentes comunicadores y destacan en las artes, la escritura y el periodismo. Sienten fascinación por el mundo y aspiran a compartir esa alegría.

Del 21 de mayo al 20 de junio ✦ REGENTE: Mercurio ✦ MAYOR AFINIDAD con Sagitario.

LIBRA. Los nacidos bajo este signo son fundamentales para tener una sociedad próspera y exitosa, puesto que son pacíficos y justos, y valoran las asociaciones y la cooperación. Tienen una mente ágil, y la bondad y la belleza del mundo los inspiran fácilmente. Un libra podría ocasionalmente pasarlo mal porque está solo, y puede mostrarse tan ansioso por mantener las cosas en paz que tal vez tienda a dejar crecer el resentimiento dentro de sí antes de afrontar un problema.

Del 23 de septiembre al 22 de octubre ✦ REGENTE: Venus ✦ MAYOR AFINIDAD con Aries.

ACUARIO. En ocasiones los nacidos bajo el signo de Acuario pueden parecer reservados, pero simplemente son pensadores muy profundos. Son muy eficaces para resolver problemas, y aunque les encanta ayudar a los demás necesitan pasar tiempo a solas para recuperar energía. Valoran su libertad y necesitan conocer bien a alguien antes de establecer una relación estrecha. Pueden ser un poco temperamentales o distantes.

Del 20 de enero al 18 de febrero ✦ REGENTE: Urano ✦ MAYOR AFINIDAD con Leo.

Agua

Los signos de agua pueden ser bastante impredecibles, pero algo es seguro: siempre sienten las cosas profundamente aunque a veces no lo demuestren. Son sensibles, intuitivos y empáticos, además de imaginativos e independientes.

CÁNCER. Como ocurre con todos los signos de agua, los nativos de Cáncer son profundamente cariñosos, especialmente con su familia. Son muy leales y experimentan los sufrimientos ajenos como si fueran propios. Pueden tener problemas para controlar sus emociones y a veces pueden estar malhumorados o sentirse inseguros.

Del 21 de junio al 22 de julio ✦ REGENTE: Luna ✦
MAYOR AFINIDAD con Capricornio.

ESCORPIO. Los nacidos bajo el signo de Escorpio son decididos y firmes. Por este motivo son líderes excelentes y, a diferencia de otros signos de agua, no tienen problemas para reconocer sus emociones y expresarlas. Saben guardar un secreto (y también son un poco misteriosos) y tienen un olfato excelente para los negocios. A veces pueden ser un poco desconfiados y celosos.

Del 23 de octubre al 21 de noviembre ✦ REGENTE: Plutón ✦
MAYOR AFINIDAD con Tauro.

PISCIS. Los nacidos bajo este signo son muy amables, compasivos y afectuosos; su altruismo y generosidad hacen de ellos unos amigos maravillosos. Son sabios, tiernos y muy tolerantes con las demás personas. Tienen sentido musical y disfrutan de relaciones profundas y duraderas.

Del 19 de febrero al 20 de marzo ✦ REGENTE: Neptuno ✦
MAYOR AFINIDAD con Virgo.

LOS CUERPOS CELESTES

SOL: como centro de nuestro sistema solar, el Sol es esencialmente el centro de nuestro universo. Nos proporciona luz y vida, y representa nuestro ego, nuestra salud y nuestro orgullo. El Sol es una autoridad, normalmente la autoridad que tenemos sobre nosotros mismos y los demás. El Sol recorre el Zodíaco una vez al año y pasa aproximadamente un mes en cada signo.

LUNA: la Luna también nos proporciona luz, pero una luz misteriosa. Por este motivo representa nuestra intuición, nuestros sentimientos más profundos y nuestras vidas privadas. Está conectada con nuestra historia familiar, nuestras raíces y nuestra capacidad para conectar con nuestras emociones. La Luna tarda solamente veintiocho días en moverse a través del Zodíaco y se queda dos o tres días en cada signo.

MERCURIO: Mercurio es un excelente comunicador, pero principalmente en el ámbito del pensamiento racional. Tiene que ver con la investigación, el aprendizaje, la toma de decisiones y la capacidad para compartir información. Cuando Mercurio está retrógrado (lo que se refiere a que el planeta parece estar moviéndose hacia atrás en el cielo nocturno, una ilusión óptica causada por la diferencia de velocidad de su órbita planetaria con respecto a la de la Tierra.), es capaz de causar todo tipo de confusiones.

En esos momentos debes abstenerte de firmar cualquier contrato importante y tampoco debes tomar grandes decisiones. También produce estragos particulares en la tecnología de la comunicación, de modo que no debes extrañarte si tu iPhone hace muchas tonterías. Como Mercurio está muy cerca del Sol, se traslada a lo largo del Zodíaco con una velocidad y una duración muy similares.

VENUS: como podrías esperar, Venus representa el amor, la belleza y el placer. Es cautivador y receptivo, pero no agresivo. Este planeta puede ser un poco manipulador, pero solo a corto plazo y de un modo hedonista. Pensar en las consecuencias y planificar cuidadosamente las cosas no son actitudes que correspondan a la modalidad de Venus. Pero cuando está retrógrado llega la hora de reafirmarse y reflexionar sobre quiénes somos en realidad y qué es lo que valoramos. Venus generalmente tarda entre diez y doce meses en atravesar todo el Zodíaco y permanece algunas semanas en cada signo.

MARTE: este planeta es una fuerza de la naturaleza. Su energía es agresiva, enérgica, competitiva y valiente. Gobierna la guerra, pero la guerra en todos los sentidos, incluyendo los deportes, las discusiones y cualquier tipo de conflictos. Cuando Marte está retrógrado, es tiempo de retirarse y reorganizarse. Tarda aproximadamente dos años en dar la vuelta al Zodíaco y pasa seis o siete semanas en cada signo.

JÚPITER: Júpiter es el planeta de la visión, la fe, el optimismo y la sabiduría. Es nuestro gigante de gas, y proyecta una poderosa sombra de buena fortuna; por este motivo a veces es conocido como el Gran Benefactor. Júpiter nos anima a buscar lo nuevo; en el exterior a través de los viajes, pero también en nuestro interior, por ejemplo cuando aprendemos algo que antes no habíamos tomado en cuenta y nos sentimos seguros para investigarlo. Cuando Júpiter está retrógrado, esa expansión hacia fuera se torna interna; puedes planificar una y otra vez algo sin pasar realmente a la acción. Tarda doce años en viajar alrededor del Zodíaco y permanece en cada signo durante un año completo.

SATURNO: llamado el Gran Maestro, Saturno es un planeta de ambición y productividad, pero también de precaución y responsabilidad. Saturno no es un soñador, nos obliga a confrontarnos con la realidad, nos aporta madurez y los valores de la paciencia, la consideración, la organización y el sacrificio. Cuando este planeta está retrógrado tenemos la oportunidad de volver atrás para ocuparnos de aquellas cosas que nos hubiera gustado que fueran diferentes, para considerar otras formas de comportarnos. Saturno tarda veintinueve años en atravesar el Zodíaco y se queda en cada signo dos años y medio.

URANO: si Saturno nos enseña a ser responsables y reflexionar sobre las cosas, Urano nos ayuda a aprender a amar lo inesperado. Gobierna el futuro y todas las nuevas tecnologías. Todo lo que es innovador, idiosincrático o experimental corresponde al ámbito de Urano. Este planeta nos anima a pensar con originalidad, e incluso a llegar muy lejos. Cuando está retrógrado puedes experimentar un cambio en tu interior, algo que te resistías a tener en cuenta de repente te parece interesante e incluso necesario. Urano tarda ochenta y cuatro años en dar la vuelta al Zodíaco y permanece en cada signo durante siete, unos años que son muy creativos.

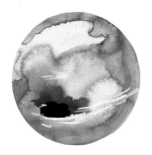

NEPTUNO: el hermoso Neptuno es el planeta de la inspiración. Al igual que la Luna, gobierna la intuición, los sueños, el subconsciente y lo mágico. Pero Neptuno profundiza más que la Luna y nos convierte en seres más puros y refinados. Nos impulsa a ser más de lo que somos, a no aceptar la realidad de Saturno y a esforzarnos por conquistar la grandeza. Sin embargo, cuando este planeta está retrógrado la realidad llama a tu puerta y podrías recibir una llamada para despertar. Es una época excelente para tomar decisiones sobre todo lo que es realmente importante para ti. Neptuno gira en torno al Zodíaco durante un periodo de ciento cuarenta y seis años, deteniéndose en cada signo durante catorce.

PLUTÓN: en astrología Plutón todavía no ha sido apartado de su condición de planeta. Gobierna la transformación, el renacimiento y la metamorfosis, reina sobre todo lo que es invisible o está enterrado, incluyendo los secretos, el funcionamiento inconsciente de la sociedad y la planificación. Plutón puede ser un poco impredecible, a veces te ayuda a guardar tus secretos y otras veces lo revela todo. Cuando este planeta está retrógrado te insta a mirar en tu interior, en particular a esas partes de ti mismo que no te gustan demasiado. ¿Es momento para la transformación? Plutón tarda doscientos cuarenta y seis años en viajar alrededor del Zodíaco. Su excéntrica órbita lo hace permanecer en cada signo de forma irregular, a veces durante once años y en otras ocasiones durante treinta y dos.

LAS DOCE CASAS

PRIMERA CASA ✦ *La casa del ser.* Incluye tu personalidad, tu cuerpo físico, tu apariencia y tu autoimagen. La primera casa revela tu signo ascendente, el signo que se eleva sobre el horizonte. Para las cartas natales, este signo puede ser tan importante como tu signo de nacimiento para comprenderte a ti mismo.

SEGUNDA CASA ✦ *La casa del valor.* Se refiere al dinero, a las posesiones, a tu autoestima y a todo aquello que tú valoras. El signo que está en tu segunda casa refleja de qué forma gastas tu dinero y cuál es tu actitud en relación con tu economía y tus posesiones.

TERCERA CASA ✦ *La casa del intelecto.* Guía tu capacidad de comunicación y tu conocimiento del mundo. También gobierna la relación que tienes en tu entorno más cercano, incluidos tus vecinos y tus hermanos, y los viajes cortos.

CUARTA CASA ✦ *La casa del hogar.* Incluye tu casa real, dónde se encuentra y cómo es, junto con todo aquello que forma parte de tu hogar, sea tu pareja y tus hijos, un compañero o compañera de piso o cualquier otra persona o animal con quien podrías compartir tu espacio. También determina la relación que tienes con tus padres.

QUINTA CASA ✦ *La casa del amor.* Aquí se incluye tanto el amor romántico como el amor que puedes sentir por tus hijos. Gobierna la creatividad, la expresión personal y el placer.

SEXTA CASA ✦ *La casa del trabajo*. Incluye tu trabajo, pero también todas las actividades que haces en los diferentes ámbitos de tu vida cotidiana: hacer la compra, limpiar, cocinar, etc. Las dietas, el ejercicio físico y el bienestar se encuentran en esta casa, así como también todo lo que hacemos para mantener nuestro cuerpo sano.

SÉPTIMA CASA ✦ *La casa de las asociaciones*. A menudo se refiere al matrimonio, aunque también incluye las relaciones laborales y cualquier asociación entre dos partes que se pongan de acuerdo para trabajar juntas por un objetivo común. En dichas situaciones suelen surgir conflictos, de manera que tus aliados y tus enemigos también se encuentran en esta casa.

OCTAVA CASA ✦ *La casa de la transformación*. Esta casa puede dar lugar a confusiones, se relaciona con el dinero, pero en lo que se refiere a cómo lo intercambiamos con otras personas. Las inversiones, las hipotecas, los regalos, los impuestos o la manutención de los hijos, también se encuentran en la octava casa, además del sexo físico y la reproducción. El tema es el cambio; en la octava casa interactuamos con otros y cambiamos gracias a esa interacción.

NOVENA CASA ✦ *La casa del conocimiento*. Si la tercera casa se refiere al intelecto, la novena va más allá y representa un espacio más filosófico y espiritual. Esta casa gobierna los sueños, las visiones, las ideas, las éticas y los rituales. Aquí también se encuentran los viajes a larga distancia, los parientes lejanos y la educación superior.

DÉCIMA CASA ✦ *La casa del estatus*. En esta casa se encuentran los ámbitos en los que destacamos profesionalmente y en nuestra comunidad. La décima casa nos ayuda a entender cómo nos ven nuestros colegas y vecinos.

ONCEAVA CASA ✦ *La casa de los amigos*. La onceava casa se refiere más específicamente a la comunidad, a la forma en que nos relacionamos con las personas que forman parte de nuestro grupo.

DOCEAVA CASA ✦ *La casa del subconsciente*. Si la primera casa nos habla de nuestra autoimagen, la doceava es la parte de nuestro ser que no siempre queremos ver o reconocer. Gobierna nuestros sueños e intuiciones, nuestros secretos y nuestras penas.

CÓMO HACER UNA CARTA NATAL

Para tener una carta natal real y exhaustiva, es decir, una que calcule los ángulos de ascensión y la forma en que los signos y planetas interactúan entre sí, es mejor acudir a un profesional (hay muchas páginas web donde podrás encontrar profesionales que te hacen una carta de forma gratuita). Pero si lo prefieres, también puedes intentar hacerla tú mismo y aprender de qué forma los signos influyen sobre las casas.

1. Dibuja tres círculos concéntricos en un papel. Utiliza una regla para dividir el círculo en doce partes iguales, como si estuvieras dividiendo una *pizza* en doce porciones.

2. Determina tu signo ascendente. Este es el signo que estaba sobre el horizonte el día y a la hora exacta de tu nacimiento. Para encontrarlo debes utilizar una efemérides (un gráfico con el que puedes conocer las posiciones de los cuerpos celestes en cualquier fecha) aunque también puedes buscarlo en Internet. Coloca esta información a las 8:00 de tu carta. Esa es tu primera casa (la casa del ser).

3. Siguiendo el orden natural de los signos (ver la página 139) rellena cada uno de los once espacios restantes. Por tanto, si tienes a Aries en tu primera casa, deberías colocar a Tauro en la segunda casa, a Géminis en la tercera, y así sucesivamente.

¿Qué te indica todo esto? Si tu signo es Libra, pero tu ascendente es Géminis, eso podría explicar por qué siempre te ha parecido que las características de los libra no te describen exactamente; en realidad, eres una combinación de ambos signos. Si tienes a Piscis en tu segunda casa (la casa del valor), entonces podrías comprender por qué siempre estás pidiendo dinero prestado. Si tu quinta casa, que corresponde al amor, está gobernada por Tauro, sabrás por qué sueles ser tan obstinado y entras en discusiones o te peleas con aquellos que más quieres.

Podría suceder que la carta no te diga nada que ya no sepas; entonces habrá sido simplemente un ejercicio divertido, algo que hacer en un día lluvioso.

Consulta la página 204 para rellenar tu propia carta natal.

QUIROMANCIA

ES INTERESANTE DESTACAR QUE MUCHAS DE LAS PRÁCTICAS proféticas se remontan a siglos atrás. ¿Acaso se debe a que nos sentíamos tan perdidos y confusos que necesitábamos más desesperadamente tener respuestas? ¿O acaso se debe a que éramos menos escépticos y buscábamos respuestas fácilmente porque creíamos que estaban a nuestro alcance?

En cualquier caso, la quiromancia no es una excepción. El origen del arte de leer las manos lo hallamos en Babilonia, la antigua Grecia, China y la India, entre otros lugares, hasta que en la Edad Media fue suprimida por la Iglesia católica, que la calificó como una de las siete «artes prohibidas», junto con la nigromancia y la magia de fuego. Comparada con ellas, la práctica de leer las palmas de las manos parece bastante inofensiva.

No obstante, los esfuerzos de la Iglesia por eliminar la quiromancia fueron muy eficaces hasta mediados del siglo XIX, cuando la gente empezó a tomar seriamente esta práctica otra vez. En esa época fue regulada por la Sociedad Quirológica de Gran Bretaña, y se estableció que determinadas líneas de la palma de la mano se interpretarían siempre de la misma forma, independientemente de quien hiciera la lectura. Sin embargo, igual que sucede con el tarot y la astrología, la quiromancia dice mucho más sobre la personalidad del individuo y menos sobre su futuro, aunque también revela algo de él.

Hay razones para creer que existe *algo* detrás de la quiromancia. Por ejemplo, las huellas dactilares nos recuerdan que no hay dos manos que sean exactamente iguales. Y aunque los ojos pueden ser las ventanas del alma, es mucho más fácil leer las palmas de las manos. Todo lo hacemos con nuestras manos, y ellas portan la evidencia de esta afirmación. El callo que se ha formado en el sitio donde apoyas el bolígrafo, la forma en que te muerdes las uñas, la pequeña hinchazón en torno al anillo de bodas o la marca que dejó una sortija que ya no se lleva, las cicatrices, las quemaduras, todo está allí; la evidencia de nuestras vidas está en nuestras manos. Nuestras manos nos sirven para agradecer nuestro lugar en la cúspide de la cadena alimentaria. No cabe duda de que la quiromancia está entre nosotros desde hace muchísimo tiempo, a pesar de los esfuerzos realizados por suprimirla.

Existen dos ramas de la quiromancia. La que normalmente viene a nuestra mente cuando pensamos en una lectura de manos es la que se basa en interpretar las líneas de las palmas. Pero también existe la quirognomía, que observa la forma y la textura de las manos, incluyendo los dedos.

Cada mano dice algo diferente de la persona. La mano no dominante representa los rasgos heredados, aquellos con los que ha nacido, y la forma en que ha llegado al mundo. La mano dominante muestra cómo ha cambiado la vida de esa persona. Siempre hay que observar las diferencias que hay entre las dos manos.

QUIROMANCIA

La quiromancia puede leer las tres líneas principales –que son la línea de la vida, la línea del corazón y la línea de la cabeza–, varias líneas menores y también montes y marcas. Si lees las distintas descripciones que presento a continuación, verás que muchas de ellas puedes aplicártelas a ti mismo. Por ejemplo, tu línea de la vida tal vez sea corta, se bifurque o sea poco profunda. El arte de la quiromancia no consiste solamente en ser capaz de ver con claridad las líneas sino también en interpretar la información de la manera correcta para que, por ejemplo, puedas decirle a alguien que tiene una línea de la vida corta y poco profunda que es más eficiente de lo que ella cree para superar desafíos, y que pronto necesitará recurrir a esa capacidad puesto que su vida está a punto de cambiar.

Recuerda también que las líneas son diferentes en cada mano, y siempre debes tener en cuenta las dos manos. Sin embargo, la mano dominante es la que generalmente revela más información.

Las líneas mayores

LA LÍNEA DE LA VIDA ◆ Esta línea ofrece mucha información acerca de tu vida, pero no te dice cuándo vas a morir, ni nada semejante. La línea de la vida describe el tipo de vida que tienes y tendrás, tus relaciones, tu salud, tu existencia.

LARGA: una línea de la vida larga indica una persona sana y equilibrada.

CORTA: esta línea indica que la persona es muy eficaz a la hora de superar desafíos. Nota: No significa una vida corta.

POCO VISIBLE: poca energía, es probable que la persona no esté dispuesta a asumir cambios.

PROFUNDA: una vida fácil y relajada.

QUEBRADA: una línea de la vida quebrada significa que ha habido una importante perturbación, como puede ser una enfermedad o un accidente. Si la línea es quebrada en ambas manos, significa que la perturbación fue más grave. Cuanto más cerca de la muñeca esté la quebradura, más joven fue la persona cuando tuvo lugar la perturbación.

BIFURCADA: señala un cambio en el estilo de vida.

ENCADENADA: las líneas encadenadas indican un camino atribulado.

MÚLTIPLES: si la persona tiene más de una línea de la vida siguiendo aproximadamente el mismo recorrido, eso puede significar que tiene una verdadera alma gemela en la vida, como un hermano mellizo, un amigo o un compañero de vida.

LA LÍNEA DEL CORAZÓN ◆ También conocida como línea del amor, o línea mensal, nos
ofrece pistas sobre el estado emocional de la
persona, así como también sobre sus relaciones con los demás.

LARGA: esto sugiere que la persona es equilibrada y abierta,
pero quizás un poco soñadora.

MUY LARGA: si la línea recorre transversalmente toda la
palma de la mano, esto indica que la persona podría
tener tendencias codependientes.

CORTA: la persona es egocéntrica.

PROFUNDA: la persona se siente estresada por las relaciones.

POCO VISIBLE: esta persona no le da mucha importancia a
las emociones ni a las relaciones.

RECTA: una persona un poco pasiva en las relaciones.

CURVADA: la persona es emocional e intuitiva.

SINUOSA: esta persona puede tener problemas con el compromiso.

QUEBRADA: la persona puede haber experimentado un
trauma emocional, o acaso lo experimente en el futuro.

BIFURCADA: esta persona es práctica y eficaz para mantener
el equilibrio.

ENCADENADA: la persona se ofende fácilmente, puede sufrir
depresión.

RAMIFICACIONES HACIA ARRIBA: esta persona tiene relaciones intensas y fuertes.

RAMIFICACIONES HACIA ABAJO: esta persona sufre ocasionalmente conflictos amorosos.

LA LÍNEA DE LA CABEZA ✦ La línea de la sabiduría va mucho más allá de lo que se refiere al aprendizaje: también revela información sobre la constitución psicológica de la persona y sus habilidades intuitivas.

EMPIEZA EN EL MISMO PUNTO QUE LA LÍNEA DE LA VIDA: indica una voluntad fuerte.

LARGA: una línea larga sugiere inteligencia, buena memoria, y voluntad para reflexionar sobre las cosas.

MUY LARGA: si la línea atraviesa completamente la palma de la mano, la persona probablemente es muy exitosa y valiente, aunque tal vez también algo egoísta.

CORTA: esta persona es práctica y muy sensata.

RECTA: la persona es realista, presta atención a los detalles. No tiene mucha imaginación.

CURVADA: la persona es idealista, intuitiva e imaginativa.

SINUOSA: señala conflictos internos debido a los pensamientos y las acciones de la persona. Puede que sea poco fiable.

PROFUNDA: esta persona es sensible y tiene una memoria excelente.

DÉBIL: la persona es soñadora, tiene problemas para concentrarse.

QUEBRADA: denota inconsistencia y también quizás agotamiento mental.

BIFURCADA: denominada «horquilla del escritor» u «horquilla del abogado». Esta persona disfruta con los debates, tiene una excelente imaginación y se comunica con claridad.

RAMIFICACIONES HACIA ARRIBA: éxito profesional.

RAMIFICACIONES HACIA ABAJO: luchas, desilusión o depresión en ciertos momentos de la vida de la persona.

Las líneas menores

No encontramos líneas menores en todas las manos, pero cuando están presentes indican algo más específico sobre la persona. A continuación presento una lista de algunas líneas menores, las más comunes. En la página 160 encontrarás más referencias.

LÍNEA DEL SOL ✦ Conocida también como la línea de Apolo, indica que la persona es creativa, exitosa y tiene confianza en sí misma.

LÍNEAS DEL BRAZALETE ✦ También conocidas como líneas rascetas o líneas de la muñeca, indican longevidad. Cuantas más líneas tenga la persona, y más evidentes sean, más sana y más larga será su vida.

LÍNEA DEL DESTINO También conocida como línea de carrera, indica el curso de la vida de la persona. Esta línea se refiere a los sucesos que la persona no puede controlar, a los obstáculos que debe afrontar.

CINTURÓN DE VENUS ◆ Esta línea indica una persona muy emocional, que experimenta estados de ánimo extremadamente altos y otros considerablemente bajos.

LÍNEA DE LA SALUD ◆ Esta línea puede decir algo sobre la salud de la persona, aunque su presencia suele indicar cualidades para la sanación, ya sea física o emocional.

LÍNEA DE LA INTUICIÓN ◆ Esta persona es muy sensible, y es probable que posea poderes psíquicos, pero tiene dificultades para estar en sitios donde hay mucha gente.

Montes

Los montes son las zonas abultadas de las palmas de las manos. Pueden ser más o menos pronunciados. En la página 160 encontrarás más referencias.

MONTE DE VENUS ◆ Esta zona se relaciona con el amor y la pasión. Si el monte está presente pero no es excepcionalmente pronunciado, la persona goza de buena salud, tiene relaciones positivas y sabe apreciar la belleza del mundo. Si el monte es elevado, la persona es autocomplaciente y se permite excesos. Si es plano, no tiene una relación muy intensa con su familia.

MONTE DE JÚPITER ◆ Este monte se relaciona con el ego, con cómo queremos que nos perciban y con el éxito. Si está presente pero no es excepcionalmente pronunciado, la persona es compasiva, generosa y tiene puntos de vista positivos. Si el monte es elevado, la persona es egocéntrica y le gusta controlar a los demás. Si es plano, carece de autoconfianza.

MONTE DE SATURNO ✦ Este monte se refiere a la paciencia, al deber y a la responsabilidad. Si está presente pero no es excepcionalmente pronunciado, la persona es amable, independiente y asume seriamente sus responsabilidades. Si el monte es elevado, la persona puede estar deprimida o aislarse de los demás. Si es plano, podría ser desorganizada y no tener mucha conciencia de sí misma.

MONTE DE APOLO ✦ También conocido como el monte del Sol, esta zona se relaciona con la confianza en uno mismo. Si está presente pero no es inusualmente pronunciado, la persona es sensible y extrovertida. Si es elevado, la persona podría ser celosa. Si es plano, podría ser tímida e indecisa.

MONTE DE MERCURIO ✦ Esta elevación indica éxito y también la capacidad de percibir a los demás. Si el monte está presente pero no es excepcionalmente pronunciado, la persona tiene éxito en los negocios y es una excelente comunicadora. Si es elevado, la persona puede ser un poco codiciosa. Si es plano, podría tener problemas para reconocer los códigos sociales y tal vez también podría carecer de ambiciones.

MONTE DE LA LUNA ✦ Se relaciona con la intuición, la imaginación y la creatividad. Si está presente pero no es inusualmente pronunciado, la persona tiene talentos artísticos que florecen cuando está en la naturaleza, particularmente junto al mar. Si el monte es elevado, la persona tiende a recrearse demasiado tiempo en su fantasía. Si es plano, podría ser imaginativa, pero prefiere ser reservada.

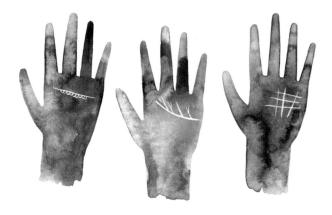

Marcas

Como es evidente, todos tenemos marcas en las manos, algunas veces sobre las líneas. Esto añade un nivel más profundo de significado a las líneas y ofrece una forma más específica de interpretarlas. Las marcas que están aisladas tienen también un significado.

CORTES ✦ La mayoría de las líneas tienen cortes. Los cortes o interrupciones no significan necesariamente algo negativo, simplemente señalan una vida vivida, una interrupción en el flujo de energía. Esto es algo que nos sucede a todos.

CADENAS ✦ Las cadenas en una línea pueden indicar obstáculos. Si existe una al comienzo de la línea de la vida, podría significar una infancia difícil.

CRUCES ✦ Las cruces indican estrés y son más pronunciadas que las rejas (también llamadas rejillas); esto está más orientado a líneas que representan «una pesada cruz que hay que cargar».

DESHILACHADO ✦ Cuando una línea termina como si estuviera deshilachada, suele indicar confusión. Es bastante frecuente que la línea de la vida termine de esta forma.

REJAS O REJILLAS ✦ Pueden indicar estrés.

ISLAS ✦ Una isla representa una interrupción más significativa que la que muestra un corte; generalmente indica una época difícil.

TRIDENTE, TRIÁNGULO ✦ Estas marcas se consideran signos de buena suerte.

QUIROGNOMÍA

La quirognomía analiza la forma de las manos y las agrupa en cuatro diferentes categorías basadas en los cuatro elementos. También estudia cada uno de los dedos, las uñas, el tamaño de las manos y su textura. Observarás que la quirognomía formula sus interpretaciones en blanco y negro, y que tener dedos cortos casi siempre significa algo malo. La quirognomía no es demasiado útil, y por eso a menudo se añade a una lectura de manos general para ampliar la interpretación de las líneas.

Forma de las manos

MANO DE FUEGO: dedos cortos y palma relativamente larga. Esta persona es extrovertida y abierta, y también bastante emocional.

MANO DE TIERRA: dedos cortos y palma de forma cuadrada. Esta persona es práctica, trabajadora y algo resistente a los cambios. Prefiere la vida al aire libre.

MANO DE AIRE: dedos largos, palma de forma cuadrada. Esta persona es lógica, inteligente, buena comunicadora, pero se aburre fácilmente.

MANO DE AGUA: dedos largos, palma larga. Esta persona es sensible y creativa, se deja llevar por sus emociones. Es probable que no sepa gestionar bien el estrés.

Tamaño de las manos

MANO GRANDE: tener las manos proporcionalmente grandes indica que la persona es capaz, trabajadora y sociable.

MANO PEQUEÑA: tener las manos proporcionalmente pequeñas indica que la persona puede ser un poco egocéntrica y bastante ambiciosa.

MANO DE TAMAÑO MEDIO: son personas que se encuentran en un punto intermedio entre tener un gran sentido común y manifestar buen criterio.

Textura de las manos

GRUESA: la persona es obstinada, insensible.

FINA: la persona es sensible, e incluso susceptible.

ÁSPERA: la persona es trabajadora, práctica, un poco impaciente; es decir, no usa crema.

SUAVE: la persona es artística y refinada; es decir, usa crema.

Dedos

La longitud de cada dedo se debe medir en relación con los demás, y no basándose en la longitud real. Por ejemplo, alguien que tenga una mano pequeña pero un dedo índice relativamente largo será más segura y competente que otra persona que tenga una mano más grande (y por lo tanto un dedo índice más largo) pero cuyo dedo índice es más corto en relación con los otros dedos.

DEDO ÍNDICE: conocido también como dedo de Júpiter. Si es largo, indica que la persona es segura y competente; si es corto, señala que es tímida y no tiene confianza en sí misma.

DEDO CORAZÓN: conocido también como dedo de Saturno. Si es largo sugiere que la persona es trabajadora y meticulosa; si es corto indica que no es particularmente ambiciosa, aunque está dispuesta a asumir riesgos.

DEDO ANULAR: conocido también como dedo de Apolo. Si es largo, revela que la persona es creativa y artística; si es corto, muestra que puede carecer de entusiasmo.

DEDO MEÑIQUE: conocido también como dedo de Mercurio. Si es largo indica que la persona es muy inteligente y buena comunicadora; si es corto implica que podría ser inmadura.

PULGAR: un pulgar grande generalmente indica que la persona tiene aptitudes de líder, mientras que un pulgar pequeño sugiere que tiene más condiciones para seguir a un líder. Un pulgar de autoestopista (es decir, que se puede doblar hacia atrás) significa que la persona es flexible, mientras que un pulgar rígido indica que —sí, lo has adivinado— es rígida.

Puntas de los dedos

CON FORMA DE CONO: la persona es flexible y está dispuesta a comprometerse.

EN PUNTA: la persona es sensible, artística.

CON FORMA DE ESPÁTULA (SE ENSANCHA HACIA EL EXTERIOR): la persona es creativa, ingeniosa, pionera.

CON FORMA CUADRADA: la persona es metódica y racional.

Uñas

FINAS Y CURVADAS: la persona es amable y bondadosa.

ANCHAS: la persona tiene una personalidad fuerte, puede tener mal genio.

CON FORMA DE ABANICO: una persona estresada.

CÓMO HACER UNA LECTURA DE MANOS

Comienza por la mano no dominante de la persona, te servirá de referencia antes de leer la mano dominante para conocer las diferencias que hay entre ambas. Tómate tu tiempo, hay mucha información para asimilar. Si lo deseas, o lo necesitas, puedes apuntar tus observaciones.

A continuación, mira la mano dominante. Por ahora no te dediques a comparar las dos manos, limítate a observar lo que te revela la mano dominante. Una vez más, toma notas si lo necesitas.

Finalmente, observa las diferencias que hay entre las dos manos. Si las líneas son más claras en una que en la otra, ¿eso qué puede indicar? Si en una mano hay algunas marcas que no aparecen en la otra, ¿qué significa eso? Por ejemplo, si la línea del destino está presente en la mano no dominante, pero falta en la mano dominante, es posible que la persona, para bien o para mal, se haya apartado de su destino.

No te olvides de mirar la forma de las manos para ver qué información puede añadir la quirognomía.

Cuando estés seguro de haber obtenido toda la información posible, compártela con la persona cuyas manos has estado analizando. Guíala a través del proceso y comprueba cuántas de tus observaciones son acertadas.

INTERPRETACIÓN DE LOS SUEÑOS

· ·

TODOS SOÑAMOS. PUEDE QUE NO RECORDEMOS NUESTROS SUEÑOS, pero aun así todos soñamos. Algunas veces nuestros sueños son bastante extraños, y al despertarnos nos preguntamos qué diablos estaba intentando decirnos nuestro inconsciente/lo Divino/nuestros seres pasados. Hay sueños tan intensos que sentimos que *necesariamente* deben tener un significado.

Los detalles específicos de cómo y por qué soñamos todavía no son muy claros, pero los especialistas en onirología (científicos de los sueños) coinciden en afirmar que los sueños nos ayudan a formar recuerdos, procesar emociones y ordenar los eventos de cada día. Algunas personas creen que los sueños son mensajes que recibimos del más allá o que reflejan eventos que ocurrieron en vidas pasadas. Existen tradiciones de interpretación de sueños en el islam, en el cristianismo, en el hinduismo y en el budismo, y muchos de sus símbolos se superponen.

Evidentemente, los sueños desempeñan una función muy importante en psicología y psicoterapia. Sigmund Freud sostenía que los sueños son el «camino real» hacia el inconsciente; si fuéramos capaces de decodificarlos comprenderíamos nuestra verdadera naturaleza. Los símbolos son el lenguaje de los sueños, y se cree que todo lo que aparece en los sueños tiene un significado concreto. Y si bien un diccionario de sueños podría decirte que soñar con un helecho simboliza los propios miedos y esperanzas para el futuro, también podría significar otra cosa más específica para ti. Podrías soñar con un helecho porque los veías en el jardín de tu abuela y la echas de menos, o por muchas otras razones diferentes, que sí son específicas para ti.

No obstante, los especialistas en onirología han observado tendencias y sueños similares que son comunes a todas las personas en un momento determinado (a menudo más de una vez) y en todas las culturas del mundo. Soñar que vas desnudo a la escuela, que vuelas o que te caes son clichés por una sencilla razón, porque todos tenemos esos sueños con cierta frecuencia. Y al ser tan comunes, se pueden interpretar de una forma bastante congruente. Del mismo modo que un bostezo puede ser interpretado como somnolencia y una sonrisa como felicidad, independientemente de quién haya bostezado o sonreído, estos sueños frecuentes tienen interpretaciones fiables para todo el mundo.

Por otra parte, aunque los símbolos oníricos menos comunes no son tan fiables, también pueden ser útiles. Esos sueños perturbadores que no nos dejan relajarnos pueden ser liberados mediante la comprensión. Y la comprensión de los símbolos oníricos puede ofrecernos un punto de partida, una forma de comenzar a interpretarlos. Los diccionarios sobre sueños tienen miles de símbolos, algunos de los cuales son tan comunes como las madres y otros tan esotéricos como las máquinas de hacer hielo. ¿Quién sueña con máquinas de hacer hielo? Si ese es tu caso, deberías saber que ese sueño significa que dejas fuera de tu vida a los demás, que te cierras a las relaciones. Independientemente de que sientas que esto puede aplicarse a ti o que no tiene nada que ver contigo, de cualquier manera da que pensar.

Los sueños tienen un significado, y si los analizamos detenidamente podemos descifrarlos de la mejor manera posible para llegar a conocernos y comprendernos mejor.

SÍMBOLOS ONÍRICOS COMUNES

Es muy probable que hayas soñado alguna vez con algunos de los siguientes símbolos.

AGUA ◆ Se suele decir que el agua indica específicamente el estado del inconsciente. Si estás soñando con un temporal en el mar, acaso estés experimentando algunas turbulencias emocionales. Pero si estás soñando con un arroyo fresco y transparente, lo más probable es que estés experimentando claridad mental.

BEBÉS ◆ Soñar con un bebé, o soñar con estar embarazada, puede estar motivado por el deseo biológico de procrear o puede significar que necesitas o quieres que te cuiden y apoyen. También puede indicar una nueva idea.

CAER ◆ Normalmente, caer indica la ansiedad que se manifiesta después de un éxito. Una vez que has alcanzado aquello que deseabas, ¿cómo podrás conservarlo?

DESNUDEZ ◆ Todos hemos sufrido el sueño de «me he olvidado de vestirme». Este sueño generalmente desagradable significa que te sientes vulnerable. Tal vez desees desnudarte a pesar de tu miedo. Hazlo de una vez y muestra al mundo tu verdadero ser.

MUERTE ◆ Igual que sucede con el tarot, estos sueños no significan literalmente una muerte. No debes preocuparte por si estás enfermo o por si alguno de tus seres queridos está en peligro. Por el contrario, estos sueños indican que estás en el inicio o en medio de un gran cambio, el final de una etapa y un nuevo comienzo.

PERSONAS ◆ Todos soñamos con otras personas, pero lo importante es tener en cuenta que todos los «personajes» que aparecen en nuestros sueños representan algún aspecto de nosotros mismos.

PRESENTARSE A UN EXAMEN SIN HABER ESTUDIADO ◆ Estos sueños no son realmente un argumento contra los factores estresantes del *Common Core*.* Indican que estás analizándote a ti mismo, observando los errores que has cometido en el pasado.

SER PERSEGUIDO ◆ Tendemos a recordar estos sueños porque la ansiedad que nos despiertan es extremadamente vívida. Si quieres interpretar el sueño intenta recordar qué o quién te estaba persiguiendo, porque evidentemente aquello de lo que estás huyendo es lo que está en el centro de la cuestión. ¿Qué es lo que no deseas afrontar en tu vida? Tu sueño te está diciendo que dejes de *escapar*.

SEXO ◆ Además de ser placenteros, los sueños sexuales indican que has alcanzado un nuevo nivel de comprensión y que has incorporado la intuición a la conciencia.

---

* N. de la T.: El *Common Core*, en castellano Iniciativa de Estándares Estatales Básicos Comunes, es una iniciativa educativa de 2010 que detalla lo que los estudiantes de K-12 (abreviatura que se utiliza en Estados Unidos para definir la educación dirigida a niños desde la época del jardín de infancia hasta el final de la enseñanza secundaria) de todo el territorio estadounidense deben saber en lengua y matemáticas al finalizar cada grado escolar.

VEHÍCULO FUERA DE CONTROL ◆ Seguramente conoces este sueño en el cual los frenos no funcionan o el volante no gira. Te dice que estás esforzándote demasiado para controlar algo sobre lo que sencillamente no tienes ningún control. Relájate y deja que el camino te lleve.

VOLAR ◆ Este es casi invariablemente un sueño eufórico, y suele tener lugar cuando por fin tomamos una decisión que hemos estado postergando o cuando nos sentimos particularmente seguros de poder alcanzar nuestros objetivos.

SÍMBOLOS ONÍRICOS MENOS COMUNES *(aunque todavía bastante comunes)*

Estos son los símbolos menos comunes; aun así todavía son más frecuentes que una máquina de hacer hielo, y generalmente tienen cierta importancia para la mayoría de nosotros.

CABELLO ◆ De acuerdo con Freud, el cabello es un símbolo de la sexualidad (aunque para Freud muchas otras cosas también lo eran). Una cabellera abundante representa abundancia sexual, mientras que la pérdida de cabello habla de una pérdida de libido.

CAÍDA DE LOS DIENTES ◆ Los dientes simbolizan seguridad y poder. Pregúntate en relación con qué te sientes impotente. También utilizamos los dientes para comunicarnos: ¿qué es lo que no eres capaz de expresar?

CASA ◆ Cada habitación o planta de una casa que aparece en un sueño tiene un significado específico para quien lo sueña, pero generalmente un sótano representa aquello que es ignorado y un dormitorio representa lo que es privado.

CELEBRIDADES ◆ Cuando una celebridad aparece en tu sueño, esto puede indicar una cierta admiración. Tal vez esa persona famosa tiene una cualidad que te gustaría incorporar a tu vida.

COMIDA ✦ Soñar con comida puede indicar que tienes hambre, pero también puede simbolizar hambre de conocimiento.

ENGAÑAR A TU PAREJA ✦ Si eres tú el que está teniendo un romance en un sueño, recuerda que eso no tiene nada que ver con tus sentimientos hacia tu pareja. Toma nota de quién es la persona con la que la estás engañando. ¿Qué aspectos de su personalidad encuentras atractivos?

MATAR ✦ Si tú matas a alguien en un sueño, eso no te convierte en una persona violenta. Recuerda que cada personaje que aparece en tus sueños representa una parte de ti mismo. ¿Qué parte de ti mismo estás intentando matar?

NECESIDAD DE IR AL BAÑO ✦ Esto probablemente solo significa que necesitas ir al baño, pero también podría querer decir que deberías ocuparte de tus propias necesidades en vez de pensar siempre primero en los demás.

PARÁLISIS ✦ Cuando nos encontramos en la etapa REM del sueño, realmente estamos hasta cierto punto paralizados. Esto es algo positivo, ya que impide el sonambulismo y también que representemos las experiencias que estamos viviendo en nuestros sueños. Cuando empezamos a despertarnos podemos experimentar esa sensación de parálisis durante unos instantes. Por lo tanto, esto no es realmente un símbolo onírico, sino un estado real del ser.

SER ENGAÑADO POR TU PAREJA ✦ Este sueño suele dejarnos una sensación de enfado con nuestra pareja, aunque sepamos que no tenemos ninguna causa que lo justifique. No indica que haya problemas en la relación, sino que tal vez te sientes inseguro o en ese momento tienes necesidad de recibir un poco más de cariño y atención.

SERPIENTE ◆ El simbolismo de las serpientes en los sueños depende de tus sensaciones personales en relación con este reptil. Si no te gustan las serpientes, o les tienes miedo, pueden indicar una amenaza oculta o impredecible; aunque también pueden representar sanación, transformación y creatividad. Y, por supuesto, de acuerdo con Freud, pueden ser un símbolo de tentación sexual.

CÓMO INTERPRETAR LOS SUEÑOS

Lo primero que debes hacer es llevar un diario de sueños. Por la mañana, en cuanto te despiertes apunta todos los sueños que recuerdes antes de que se desvanezcan, tomando nota de todos los detalles que acudan a tu memoria. Presta particular atención a los sueños recurrentes, incluyendo las ubicaciones que aparecen periódicamente en tus sueños porque tienen una importancia particular para tu psique.

Al final del día, antes de irte a dormir, escribe todo lo que tienes en mente. Esto es sencillamente de sentido común, ya que si liberas tu mente de los factores estresantes que has sufrido durante el día poniéndolos sobre el papel, será más probable que tengas un sueño reparador. Además, también te permitirá ver de qué forma los eventos de ese día, o de los días anteriores, han tenido incidencia sobre tus sueños.

Con el paso del tiempo encontrarás patrones y símbolos que se repiten, lo que facilitará que su significado sea más claro para ti.

Si estás interpretando el sueño de otra persona, escucha con paciencia y muy atentamente. Los sueños de los demás nunca son tan interesantes como los propios, pero debes poner lo mejor de ti. Si notas algunos símbolos particulares, apúntalos. Siéntete libre para preguntar a esa persona sobre lo que podría estar sucediendo en su vida, con el fin de poder interpretar su sueño con más claridad. Cuando le comuniques tu interpretación debes dejar claro que esta no es una ciencia exacta, y que lo que estás expresando son tus propias observaciones. Los sueños son muy personales; puede suceder que aunque alguien te haya pedido que interpretes sus sueños, al final no le guste lo que tienes que decirle. Aun así, debes dar tu opinión sincera y no intentar restar importancia a un sueño negativo.

SUEÑOS LÚCIDOS

Técnicamente, un sueño lúcido se define como aquel en el cual la persona es consciente de que está soñando. Pero no solamente pensamos en eso cuando escuchamos las palabras *sueños lúcidos*, también pensamos en controlar nuestros sueños. Aunque, evidentemente, en primer lugar esto requiere saber que estamos soñando, para no complicar las cosas diremos simplemente que tener sueños lúcidos significa tener la capacidad de controlar los propios sueños.

¿Y por qué habrías de hacer algo semejante? A los principiantes les diremos que es realmente *divertido*. ¡Puedes hacer todo lo que quieras! Puedes volar, puedes hacer magia, puedes vivir una profunda historia de amor, puedes salvar el mundo. Pero también puedes ayudarte a ti mismo. Los sueños lúcidos son extremadamente útiles para personas que sufren pesadillas, y pueden constituir un proceso de sanación muy potente tanto a nivel emocional como físico. Muchos de nosotros sabemos que si estamos enfermos, una forma muy efectiva de facilitar nuestra curación es visualizar nuestros cuerpos como si estuvieran sanos. También podemos llevar esto al siguiente nivel y soñar que estamos sanos. ¿Te imaginas cuánto más potente podría ser esa sanación?

El primer paso para tener sueños lúcidos es ser consciente de que estás soñando. Un diario de sueños será de gran utilidad para desarrollar esta capacidad, ya que el mero hecho de prestar atención a tus sueños les garantiza un espacio en tu mente despierta. Concéntrate en recordarlos. Cuando te despiertes de un sueño, aunque sea a mitad de la noche, dedica un rato a escribirlo en tu diario, o al menos intenta recordarlo desde el inicio hasta el final, esforzándote por evocar todos los detalles para poder apuntarlo más tarde en tu diario.

El mejor momento para los sueños lúcidos es cuando empiezas a despertar, en las primeras horas de la mañana o después de echarte una siesta. Tu conciencia es suficientemente fuerte como para que puedas advertir que estás durmiendo, y esa conciencia te permite tener autonomía en el sueño. Una vez que hayas perfeccionado tu capacidad de recordar los sueños, prueba este método de los sueños lúcidos. Si por la mañana temprano te despiertas súbitamente debido a un sueño, presta atención a ese sueño lo más detenidamente que sea posible mientras tu mente todavía permanece relajada. Dedícate a soñar despierto con ese sueño una y otra vez. Y luego, una vez que hayas encontrado la forma de dirigir el sueño, puedes volver a dormirte. Quizás tu sueño sea muy ligero, pero te encontrarás soñando el sueño diurno.

Este método es una lenta y suave iniciación a los sueños lúcidos, y generalmente resulta en un sueño lúcido efectivo. Sin embargo, también hay otros métodos. Algunas veces te das cuenta de que estás soñando en mitad de un sueño, pero no tienes la capacidad de producir ningún efecto sobre él. Esto puede ser bastante frustrante, pero no debes preocuparte porque esa sensación de impotencia se disolverá con el tiempo y con la práctica. Recuerda que, como pasaba en *Matrix*: «No hay ninguna cuchara». Tú tienes el control y puedes hacer cualquier cosa.[*]

---

[*] N. de la T.: En la enigmática escena a la que hace referencia la autora, un niño con aspecto de monje budista dobla una cuchara sin tocarla, solo con su intención. Neo lo observa asombrado y el niño le entrega la cuchara (que ha vuelto a su estado normal) y dice: «No intentes doblar la cuchara. Eso es imposible. En vez de eso, solo procura comprender la verdad». «¿Qué verdad», pregunta Neo. «Que no hay cuchara... –contesta el niño–. Si lo haces verás que no es la cuchara la que se dobla, sino tú mismo».

CONCLUSIÓN

SI HAS DECIDIDO LEER ESTE LIBRO, PROBABLEMENTE SE DEBA A QUE ya estabas interesado en parte de la información que contiene, y acaso también conocías algo sobre el tema. Así que mientras leías algunos capítulos tal vez asentías con la cabeza mientras profundizabas tus conocimientos de la sanación con hierbas, la astrología o los chakras. Y es posible que algunos capítulos te hayan hecho pensar: «Esto no son más que tonterías». ¡Y no pasa nada!

Los mejores capítulos son aquellos que *no* te interesaron demasiado antes de empezar a leer el libro, los que te despertaron cierto escepticismo. De cualquier manera, los leíste y acabaste preguntándote: «¿Y qué pasaría si...?». Qué pasaría si las auras fueran algo real, a pesar de que todavía no somos capaces de verlas? ¿Qué pasaría si el tarot nos ayudara a comprender verdades internas que de otra manera no seríamos capaces de ver?

Cuando aceptas la teoría de los chakras tiene sentido usar cristales para que te ayuden en la sanación basada en los chakras. Hay un salto muy pequeño desde la sanación con hierbas hasta la magia con hierbas, tan pequeño que ambas son prácticamente indistinguibles. Y pese a que nuestra cultura occidental ya no suele celebrar fiestas paganas, están en el origen de muchas de las festividades que sí celebramos y cuyas tradiciones son alegres y divertidas.

Eso es todo lo que espero de ti, un poco de curiosidad, una disposición a preguntar «¿y qué pasaría si...?». Si te ríes por lo bajo ante la idea de hacer hechizos, y no te puedes imaginar preparando uno sin sentir vergüenza, ¡entonces los hechizos no son la magia adecuada para ti! Tal vez te inclines más por interpretar tus propios sueños para trabajar con las cuestiones con las que está lidiando tu inconsciente; pues eso, a todos los efectos prácticos, también es magia.

Elige una carta de tarot para ver qué te dice. Estudia las líneas de la palma de tu mano para conocerte mejor. ¿Qué puede decirte tu carta natal sobre ti mismo, sobre la forma en que reaccionas frente a cierto tipo de situaciones, y cómo puedes utilizar esa información para vivir tu vida más fácil y cómodamente?

Y si haces todo eso, ¿podemos llamarlo magia? ¿Alguna de todas estas cosas es magia? Si los chakras se basan en el conocimiento del sistema endocrino humano, ¿son un hecho científico? Si realizas un hechizo de sanación para tu mejor amiga y ella se recupera de sus males, ¿fue gracias a ti o a su sistema inmunitario?

Quizás la pregunta debería ser: ¿acaso tiene importancia? Si no hacemos ningún daño y, por el contrario, tal vez podemos ofrecer algún beneficio, entonces lo único que importa es aquello que creemos que es posible. Si simplemente damos crédito a la magia, esta se convierte en algo real, práctico y verdadero. Nosotros contribuimos a que lo sea, y así ha de ser.

REFERENCIAS Y FUENTES

En este libro hay mucha información sobre una gran variedad de temas, y por este motivo no he profundizado demasiado en cada uno de ellos. Si sientes curiosidad y deseas aprender más sobre un tema en particular, puedes consultar los siguientes libros y enlaces:

Astrología

✦

La Biblia de la astrología, de Judy Hall. Gaia Ediciones, febrero de 2017.

El único libro de astrología que necesitará, de Joanne Martine Woolfolk. Taylor Pub, mayo de 2004.

Astrolabe, https://alabe.com/freechart.

Astrology, http://www.astrology.com.tr/birth-chart.asp.

Astrology Zone, https://www.astrologyzone.com/learn-astrology.

Horoscope, http://www.horoscope.com/us/index.aspx.

Auras

Cambie su aura, cambie su vida, de Barbara Y. Martin y Dimitri Moraitis. Ediciones Obelisco, octubre de 2006.

The Unseen Self: Kirlian Photography, Explained, de Brian Snellgrove. Random House UK, diciembre de 2004.

Psychic Library, http://psychiclibrary.com/beyondBooks/aura-room.

Chakras

El libro de los Chakras: descubre las fuerzas ocultas que hay en ti, de Ambika Wauters. Editorial Edaf, mayo de 2001.

Chakra Anatomy, http://www.chakra-anatomy.com/index.html.

The Chopra Center, http://www.chopra.com/articles/what-is-a-chakra.

Modern Chakra, http://www.modernchakra.com/chakra-science.html.

Cristales

✦

La Biblia de los cristales, de Judy Hall. Gaia Ediciones, enero de 2007.

Crystals for Healing, de Karen Frazier. Althea Press, noviembre de 2015.

Crystal Vaults, https://www.crystalvaults.com/crystal-encyclope-dia/crystal-guide.

Healing Crystals, https://www.healingcrystals.com/The_Healing_Power_of_Crystals_Articles_1115.html.

Interpretación de los sueños

✦

Dreamer's Dictionary, de Stearn Robinson y Tom Corbett. Grand Central Publishing, febrero de 1986.

Exploración de los sueños lúcidos, de Stephen LaBerge & Howard, Ed. Arkano, marzo de 2016.

Dream Moods, http://www.dreammoods.com/dreamdictionary.

Lucidity, http://www.lucidity.com/LucidDreamingFAQ2.html.

Hierbas

✴

The Herbal Apothecary, de J. J. Pursell. Timber, diciembre de 2015.
Botiquín de hierbas medicinales, de Thomas Easley y Steven Home. Editorial Sirio, octubre de 2018.
Learning Herbs, http://learningherbs.com/free-herbal-remedies.
Mountain Rose Herbs, https://www.mountainroseherbs.com.
Wellness Mama, https://wellnessmama.com/category/remedies.

Fiestas paganas

✴

The Pagan Book of Days, de Nigel Pennick. Destiny Books, marzo de 2001.
Circle Sanctuary, https://www.circlesanctuary.org/index.php/celebrating-theseasons/celebrating-the-seasons.
Wicca, https://wicca.com/celtic/akasha/index0.htm.

Quiromancia

✦

The Art and Science of Hand Reading, de Ellen Goldberg. Destiny Books, febrero de 2016.

La Biblia de la quiromancia, de Jane Struthers. Gaia Ediciones, noviembre de 2007.

Palmistry, http://www.palmistry.com.au/palmistry.html.

Psychic Library, http://psychiclibrary.com/beyondBooks/palmistry-room.

Magia basada en plantas

✦

Magia con las hierbas: hechizos y encantos fáciles de realizar, de Ellen Dugan. Llewellyn español, febrero de 2007.

Secret Recipes from your Garden, de Ellen Evert Hopman. Healing Arts Press, febrero de 2016.

Witches Lore, http://witcheslore.com/bookofshadows/herbology/plant-andherb-magic-2/1174.

Witchipedia, http://www.witchipedia.com/main:herbs.

Tarot

The Ultimate Guide to Tarot, de Liz Dean. Fair Winds Press, mayo de 2015.

Biddy Tarot, https://www.biddytarot.com/tarot-card-meanings.

Psychic Library, http://psychiclibrary.com/beyondBooks/tarot-deck.

Magia blanca

El libro completo de la brujería, de Raymond Buckland. Luis Cárcamo editor, febrero de 2014.

The Modern Guide to Witchcraft, de Skye Alexander. Adams Media, julio de 2014.

Spells of Magic, http://www.spellsofmagic.com/white_magic.html.

Wiccan Spells, http://wiccanspells.info.

Witches Lore, http://witcheslore.com/category/spells.

AGRADECIMIENTOS

Son muchas las personas responsables de este libro. Shannon Connors, mi encantadora editora y amiga, interesada por la Wicca, la mujer que mejor prepara el kombucha y trae luz a mi vida. Katie Vernon, por sus ilustraciones tan hermosas y evocadoras que hacen brincar mi corazón. Susan Van Horn, por un diseño magnífico (has conseguido destacar mis observaciones más importantes). Kristin Kiser, por hacerme feliz y mantenerme ocupada. Ashley Benning, por su acertada corrección. Kelly Novaras, por introducirme en este mundo en el que me siento tan a gusto. Chandika Devi y Rachel Mehl, por no chillarme cuando estaba desbordada. David Dunton, por decir «¡hurra!» cada vez que se lo pedía. Maile Dunton, por mostrar su entusiasmo todo el tiempo. Os amo.

CÓMO HACER TU PROPIA CARTA NATAL

Si quieres tener una carta natal real y detallada –una carta que calcule los ángulos de ascensión y la forma en que los signos y planetas interactúan entre sí–, debes recurrir a un profesional (hay muchas páginas web en las que podrás hacer tu carta natal gratis). Pero si tienes ganas de intentarlo, puedes ocuparte tú mismo de hacerla y observar de qué manera los signos afectan a las casas.

① En la página siguiente encontrarás un gráfico con tres círculos concéntricos, divididos en doce partes iguales.

② Determina tu signo ascendente. Este es el signo que estaba ascendiendo sobre el horizonte el día y la hora exactos de tu nacimiento. Para encontrarlo debes consultar una efemérides (un gráfico que indica las posiciones de los cuerpos celestes en cualquier momento determinado), aunque también puedes buscarlo en Internet. Coloca esta información a las 8:00 horas de tu gráfico. Esta es tu primera casa (la casa del ser).

③ Rellena cada uno de los once espacios restantes siguiendo el orden natural de los signos (Aries, Tauro, Géminis, Cáncer, Leo, Virgo, Libra, Escorpio, Sagitario, Capricornio, Acuario, Piscis). De manera que si tienes a Aries en tu primera casa, pondrías a Tauro en la segunda, a Géminis en la tercera, y así sucesivamente.

Para obtener más información sobre el significado de tu carta natal, ve a la página 157.

ÍNDICE TEMÁTICO